월스트리트 최고 앵커가 만난 CEO들의 성공철학

성공하는 리더의 10가지 원칙

이 책은 베스트셀러 『성공을 지켜주는 10가지 원칙』(The 10 Laws of Enduring Success)을 축약해서 만든 CB(condensed book)입니다. 많은 독자들의 요청에 따라 오리지널 판의 내용과 정신을 고스란히 담으면서 간편하게 읽을 수 있는 CB를 내놓게 되었습니다.

THE 10 LAWS OF ENDURING SUCCESS

월스트리트 최고 앵커가 만난
CEO들의 성공철학

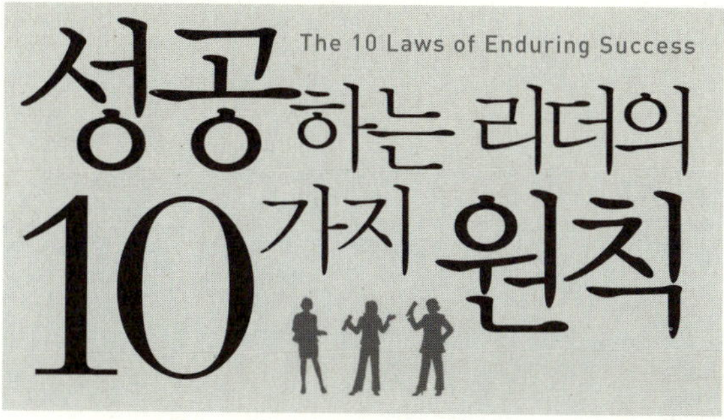

성공하는 리더의 10가지 원칙

마리아 바르티로모 · 캐서린 휘트니 지음
이기동 옮김

프리뷰

나의 할아버지 카르민 바르티로모께 이 책을 바칩니다.
할아버지는 1919년에 아메리칸 드림을 찾아
렉스 호에 몸을 싣고 대서양을 건너오셨고,
내가 지금처럼 성공할 수 있도록 해주신 분입니다.

3 이니셔티브

계속 문제를 일으켜라–뉴욕증권거래소에서 첫 TV 생방송 시작 · 71

4 용기

과감하고, 현명하고, 공정하게 처신하라–외할머니의 유산 · 93

5 정직

올바른 일을 하라─시스템의 부정직성이 부른 금융위기 • 109

6 적응

변화를 받아들여라─러시아의 교훈 • 127

10 끈질김

일어나서 앞으로 나아가라—성공도 실패도 금방 지나간다 • 197

■ **프롤로그**

그라운드 제로로 변한 월스트리트에서

진정한 성공이란 무엇인가?

나는 1967년 9월 11일생이다. 나는 내 생일이 911이라는 사실이 주는 극적인 요소를 재미있게 써먹었다. 이런 식으로 전화를 걸어 친구들을 웃겼던 것이다. "긴급상황 발생, 내 생일파티에 참석하기 바람." 그런데 진짜 9/11이 터지며 사정이 바뀌고 말았다. 전 세계가 잊지 못할 그 사건은 나의 34번째 생일에 일어났다.

그날 아침 일찍 나는 뉴욕증권거래소로 출근했다. 그곳에서 나는 CNBC 방송에 매 시간 시장 상황을 보도한다. 사무실에 도착해서 보니 책상 위에 생일카드와 함께 커다란 꽃다발이 하나 놓여 있었다. 보도국에서 함께 일하는 동료가 보낸 것이었다. 창문 없이 사방이 꽉 막힌 증권거래소 내부에서는 뉴욕시의 화창한 하늘이 보이지 않지만, 그래도 흠잡을 데 없이 멋진 아침이었다. 2층에 있는 작은 사무실에 앉아 있는데 긴급뉴스가 텔레비전 화면에 떴다. 세계무역센터 건물에 비행기 한 대가 부딪쳤다는 소식이었다. 불과 두 블록 떨어진 곳이었다. 뉴저지 주의 CNBC 본사에서 국장이 전화를 걸어와 "즉시 바깥으로 나가 상황을 보도하라"고 했다. 나는 번개같이 일어나 달리기 시작했다. 브로드웨이 모퉁이를 지나 월스트리트 쪽으로 향했다. 쌍둥이 빌딩은 두 블록 떨어진 곳에 위치하고 있는데, 한쪽 타워에서 짙은 연기구름이 자욱하게 지상으로 내려앉고 있는 것이 보였다. 사람들은 모두 놀라 멈춰선 채 입을 딱 벌리고 위를 쳐다보고 있었다. 모여선 사람들 틈에서 눈앞에 벌어지는 광경을 보도하기 시작했다. 섬뜩한 기운이 온몸을 휘감는 게 느껴졌다.

현장을 지켜보며 휴대전화로 방송을 하는데 또 한 대의 비행기가 바로 머리 위를 지나는 게 보인다 싶더니 곧이어 세계무역센터의 두 번째 타워에 가서 부딪쳤다. 다른 사람들과 마찬가지로 나도 눈앞에서 벌어지는 광경이 도저히 믿겨지지가 않았다. 사람들 사이에서 요란한 비명이 터져 나왔다. 내 옆에 서 있던 어떤 남자가 낮은 목소리로 이렇게 말했다. "세상이 바뀌는 겁니다." 나는 고개를 돌려 그 남자를 보며 "그게 무슨 말씀이세요?"라고 물었다. 하지만 나 역시 그의 입에서 무슨 답이 나올지 알았다. "이건 사고가 아니라 테러입니다."

두 건물에서 먼지 구름이 쏟아져 내리는 가운데 길거리에 서서 휴대전화기로 계속 현장을 중계했다. 나는 첫번째 건물이 무너질 때 서 있던 브로드웨이와 월스트리트 모퉁이에 그대로 머물러 있었는데, 사방이 일시에 시커멓게 변했다. 연기에 목이 막히고 파편이 폭풍우처럼 밀어닥치는 바람에 두 눈을 가린 채 필사적으로 도망쳤다. 다음 목표가 될지 모른다는 생각이 들어 증권거래소로는 돌아가고 싶지 않았다. 그래서 길 건너 보이는 어떤 건물 입구로 들어서서 몇 걸음 안쪽으로 들어가니 사람들이 빼곡히 들어차 있었다. 한 여성이 히스테리컬하게 울음을 터뜨렸다. 지금은 겁에 질리거나 눈물을 흘릴 때가 아니라 정신을 바짝 차려야 한다는 생각이 들었다. 그래서 나는 그 여자를 보면서 단호한 어조로 소리쳤다. "진정하세요. 지금은 진정하는 게 제일 중요해요." 내 말에 그 여자는 진정을 했고, 두번째 타워가 무너져 내리면서 그 바람에 우리가 웅크리고 있는 건물까지 흔들리기 시작했다. 34년 평생에 처음으로 내가 생사의 갈림길에 서 있으며, 어쩌면 죽을지 모른다는 생각이 들었다.

실제로는 20분가량 그렇게 있었는데, 몇 시간은 족히 흐른 것 같은 기분이었다. 천둥 같은 소리가 멎고 사방에 기이한 정적이 찾아들었다. 새까맣게 검댕을 뒤집어쓴 채 거리 위쪽으로 천천히 걸어 올라갔다. 검정색 구두가 먼지 때문에 흰 구두가 되어 있었다. 무너진 건물들에서 쏟아져 내린 잔해들이 길바닥에 흩어져 있고, 타다 만 종이들이 무수히 공중에 휘날리고 있었다. 비틀거리며 길 건너 증권거래소 쪽으로 갔다. 출입문은 모두 굳게 닫혀 있었고, 보안요원인 에릭이 창문으로 나를 보고는 얼른 문 하나를 열어 주었다. 그는 마치 유령이라도 보는 듯한 시선으로 나를 쳐다보더니 울부짖듯이 이렇게 소리쳤다. "마리아, 지금 거기서 뭐하는 거예요?" 그는 얼른 내 한쪽 손을 낚아채고는 문 안으로 끌어들였다.

거래소 안에는 사람들이 꽉 들어차 있었다. 어떤 이들은 건물 안에 그대로 꼼짝 않고 가만히 있었고, 또 어떤 이들은 바깥으로 나가 맨해튼 동쪽 끝에서 비극의 현장이 있는 업타운 쪽으로 이어진 사람들 무리에 끼어들어 발걸음을 옮겼다. 나는 옷매무새를 얼른 고친 다음 그때부터 증권거래소 안에서 하루 종일 방송을 했다. 앞으로 어떤 일이 벌어질지, 증권거래소는 언제 다시 문을 열게 될지 누구도 알지 못했다. 하지만 모두들 믿기지 않을 정도로 말짱한 정신으로 그라운드 제로로 변해 버린 세계의 비즈니스 수도에 자리를 지키고 있었다. 우리를 받쳐 주고 있던 토대가 모조리 무너져 내리는 것 같은 기분이었다. 불과 두 블록 떨어진 곳에서 벌어진 그 끔찍한 살육의 현장은 상상조차 하기 싫었다.

9월 17일에 증권거래소가 다시 개장하자 우리는 완전히 달라진 새로운 일상을 맞이했다. 월스트리트는 엉망이 되어 있었다. 썩는 냄새가 옷에 달라붙어 숨을 쉴 수 없을 정도였다. 며칠 동안 사무실 바깥으로 나갈 때는 경찰이 그 일대 근무자들에게 나누어 준 흰색 마스크를 반드시 썼다. 많은 이들이 뉴욕시를 벗어나고 싶다는 말을 했다. 그렇지만 그날 아침 증권거래소가 다시 문을 여는 것을 보며 사람들은 정말 믿을 수 없을 정도로 가슴 뿌듯한 감격을 맛보았다. 조지 파타키 주지사와 줄리아니 시장, 뉴욕증권거래소NYSE 최고경영자CEO인 딕 그라소를 비롯해 소방관들이 개장을 알리는 오프닝 벨을 함께 울리자 객장을 가득 메운 사람들은 환호성을 터뜨렸다. 우리가 재앙을 딛고 당당하게 다시 일어서는 모습을 전 세계가 지켜보았다. 우리는 그렇게 살아남은 것이었다.

갖가지 분야에서 일하던 수많은 사람이 9월 11일에 목숨을 잃었다. 비즈니스와 금융문제를 보도하는 게 내 일이기 때문에 그날 테러 공격으로 목숨을 잃은 앞날이 창창하던 젊은 주식중개인들의 생각을 지울 수가 없었다. 그 젊은 남녀들은 매사를 훌륭하게 처리하며 성공적인 삶을 살고 있었다. 훌륭한 직장과 멋진 집이 있었고 사랑스러운 가족이 있었다. 그들은 캔터 피츠제럴드 같은 회사에서 일하는 떠오르는 스타들이었고, 이 회사는 그날 658명의 직원을 잃었다. 모두들 성공했기 때문에 세계무역센터에서 근무하게 되었고 그곳에서 삶을 마감했다. 아무리 흠잡을 데 없이 훌륭한 삶을 살더라도 어떤 일이 일어나 그야말로 모든 것을 한순간에 앗아가 버릴 수 있다는 생각이 뇌리를 스쳤다.

　그날 이후 온국민이 진실의 순간 같은 것을 경험했다. 우리 삶에서 정말 중요한 게 무엇인가에 대해 다시 한번 생각해 보게 된 것이다. 삶은 우리를 속일 뿐만 아니라 무차별적인 테러와 파괴행위의 피해자로 만들 수도 있다. 어떻게 하면 그러한 운명에서 비켜나 살아남을 수 있을까? 실로 우리에게 무엇이 중요하고 무엇이 중요하지 않은 일인지에 대해 심각하게 고민해 볼 시점이었다.

　나의 아버지 빈센트 바르티로모는 이민 1세대 미국인이고 어머니 조세핀은 이민 2세대이셨다. 그래서 나는 이민자들의 몸에 밴 근면함을 보고 배우며 자랐다. 우리는 노동자들이 모여 사는 브루클린의 베이 리지에 살았는데 이탈리아 사람들이 많았고, 대부분이 이민자들의 자녀, 아니면 손자손녀들이었다. 아버지는 렉스 매너라는 이름의 레스토랑을 운영하셨는데, 할아버지 카르민 바르티로모로부터 물려받은 것이었다. 식당 이름은 1919년에 할아버지가 미국으로 건너오실 때 타고온 이탈리아 대양 여객선 렉스호에서 따온 것이었다. 그분들은 사랑하는 가족과 집을 남겨놓고 꿈을 찾아 미국으로 건너왔다. 자유와 기회에 대한 약속은 그만큼 강하게 그들을 끌어당겼다. 미국으로 건너온 뒤부터 그분들은 한시도 멈추지 않고 노력했다. 할아버지가 일생 동안 보이신 용기를 생각하면 그저 놀라울 따름이다. 할아버지가 자기 소유의 식당을 열기까지 얼마나 많은 고초를 감내하셨을지는 그저 상상만 할 수 있을 뿐이다. 할아버지는 자기를 이곳으로 데려다 주고, 나를 포함해 자신의 가족들에게 지금과 같은 기회를 누리도록 해준 그 배의 이름을 따서 식당 이름을 지으셨다.

유년시절 기억 속의 아버지는 언제나 렉스 매너 식당 주방 한편에서 목에 수건을 감은 채 땀을 뻘뻘 흘리며 요리에 열중하는 모습이셨다. 렉스 매너는 규모가 크고 항상 사람들로 북적거렸는데, 한쪽은 식당이고 한쪽은 연회장이었다. 주말에는 결혼식 피로연과 각종 축하연, 세례식, 성년식을 치르는 손님들로 붐볐다. 주 연회장은 400석, 작은 홀은 200석 규모였다. 아버지는 항상 일을 하셨다. 할 말이 있거나 학비를 타기 위해 찾아갈라치면 아버지는 뜨거운 스토브 앞, 항상 똑같은 그 자리에서 땀을 뻘뻘 흘리며 일하고 계셨다.

엄마에 대한 추억도 항상 일하는 모습이다. 엄마는 경마도박장 OTB에 풀타임으로 다니셨는데, 나이 든 남자들이 가득 모여 경마 베팅을 하는 담배연기가 자욱한 방에서 쉴 새 없이 움직이며 일하셨다. 그러면서 시간을 쪼개 틈틈이 가족을 돌보셨다. 내가 열심히 일하는 노력의 가치와 용기의 소중함을 배우고 지금처럼 성공할 수 있게 된 것은 엄마가 흘리신 땀과 눈물 덕분이다. 일을 마치고 집으로 오는 길에 장을 봐서 장바구니 일곱 개를 용케도 손에 들고 거리를 걸어 내려오는 엄마의 모습이 지금도 눈에 선하다. 엄마는 한번도 멈추신 적이 없다. 엄마는 영원한 나의 영웅이다.

부모님은 일이 많다고 불평하시는 법이 없었다. 다른 사람보다 사는 게 고달프다고 생각하시지도 않았고, 노력에 비해 얻는 게 너무 적다는 생각도 하지 않으셨다. 지금도 내가 일이 많다고 불평하는 것을 보면 엄마는 눈을 부릅뜨시며 이렇게 말한다. "무슨 말이니 얘야, 그렇다고 네가 나무 하러 다니는 것도 아니잖니."

그러면 나는 웃을 수밖에 없다. 내 불평에 눈곱만큼도 동조하지 않으시는 것이다! "맞아요, 엄마 말이 맞아요. 내가 나무 베는 일을 하는 건 아니죠."

그건 맞는 말이다. 나는 세상에서 제일 멋진 곳에서, 그리고 역사상 가장 흥미진진한 시기에, 내가 좋아하는 일을 하고 있다. 월스트리트는 세상의 중심이다. 수백만 명의 희망과 꿈이 좁은 거리를 따라 몰려드는 곳이다. 건국 초기의 모습이 이랬을 거라는 생각이 든다. 나는 바로 이런 곳의 앞자리에 앉아서 자본주의의 토대가 도전받은 바로 그 위기의 순간을 생생하게 지켜본 증인이다. 내가 월스트리트에서 일한 20년은 마치 롤러코스터를 타는 것처럼 심한 기복으로 점철된 세월이다. 1987년의 경제위기에 이어 찾아온 전례 없는 상승장, 1990~1991년의 경기후퇴, 닷컴 붐과 붕괴, 지구화, 주택붐과 거품 붕괴, 오일 위기와 붐, 2008년의 금융시장 붕괴, 그리고 우리 세대 최악의 금융위기와 경기침체. 이 호된 현실의 깊은 바닥 속을 가만히 들여다보면 중요한 교훈들을 얻을 수가 있다. 내가 이 책을 쓰는 목적은 그러한 교훈들을 어떻게 하면 더 깊이 이해하고, 어떻게 하면 개인적으로 그리고 전문적인 차원에서 현실에 적용할 수 있을지 알아보기 위해서다.

나는 CNBC의 클로징 벨Closing Bell 프로그램을 진행하는 뉴욕증권거래소 앞자리에서 금융위기의 드라마를 지켜보면서 성공의 의미를 되짚어 보기 시작했다. 일시적인 성공이 아니라 일생 동안 지속될 성공에 대해 생각한 것이다. 우리가 살아가면서 겪게 되는 난관과 직장, 은행 잔고에 관계없이 지속적으로 적용될 수 있는 성공이란 어떤 것일까에 대해 생각해 보았다. 눈앞에 벌어지는 예측불허의 경제상황을 볼 때 이 같은 물음은 과거 그 어느 때보다도 절실한 것이다. 자로 잴 수 없고, 셀 수도 없고, 눈에 보이지 않는 성공이라는 게 있을까? 우리가 갖고 있는 직위나 명함에 새길 수 없는 성공의 요소이라는 게 있을까? 좀 더 현실적으로 말해, 최악의 상황에 놓이게 되더라도 성공했다고 말할 수 있는 삶이라는 게 있을까? 실패 위에 성공을 세우는 게 가능할까?

금융위기는 우리의 국가적 자존심에 큰 타격을 입혔다. 기존에 있던 이정표는 모조리 사라지고 말았다. '성공의 아버지는 수천 명이지만, 실패는 고아다' 라는 말이 실감났다. 바닥으로 내려앉으면 고독하다. 블랙베리 소리는 멎고, 당신 없이도 세계는 굴러간다. 모두들 성공에 가까이 가고 싶고, 성공을 거머쥐고 싶어 한다. 하지만 도대체 성공이란 무엇인가? 어떻게 하면 성공할 수 있고, 어떻게 해야 그 성공을 유지할 수 있을까?

스스로 살아온 길을 되돌아보니 나 역시 이 질문에 대한 답이 절박하게 필요했다. 만약 내일 아침 눈을 떴을 때 (나를 포함해서) 세상 사람들이 나를 성공한 사람으로 생각하게 만드는 여러 외적인 요소들이 모두 사라지고 없다면 어떻게 할 것인가? 그런데도 불구하고 거울에 비친 내 자신의 모습을 보며 "마리아, 너 성공한 거 맞지?"라고 말할 수 있을까?

지금부터 이 물음에 대한 답을 찾아 길을 나선다.

의미있는 삶을 찾아

진정한 성공의 10가지 원칙

지난 2009년 5월 13일에 나는 양키스타디움 운동장에 내려서서 인산인해를 이룬 채 열광하는 관중들을 올려다보고 있었다. 평소처럼 야구 게임이 진행되는 게 아니었다. 그날은 인생의 게임에 대해 이야기하는 날이었다. 바로 뉴욕대NYU 졸업식이었는데, 워싱턴 스퀘어 파크가 공사중이라 그곳에서 식을 거행하게 된 것이다. 운동장을 가로질러 걸어가자니 추억과 기대감으로 약간 흥분되었다. 나는 1989년에 뉴욕대를 졸업했는데 그게 벌써 20년 전이니 세월이 정말 빠르기도 하다.

뿌듯하고 행복한 날이었다. 뉴욕대 기금이사로서 졸업식에 참석하게 되었으니 설렐 수밖에 없었을 것이다. 힐러리 클린턴 국무장관이 관중석 이층 꼭대기에 마련된 연단에서 졸업생들에게 축하 연설을 했다. 힐러리 자신이 바로 성공의 한 모델이 아니던가. 미국의 퍼스트 레이디에서 상원의원을 거쳐 국무장관이 되었으니 그녀가 거친 직책만 가지고도 가히 역사적이라 할 만하다. 사람들의 롤 모델이 되기에 전혀 손색이 없으며 그건 굳이 정치에 국한되지 않는 이야기다. 힐러리는 학생들에게 이렇게 말했다. "지금 이 순간은 여러분의 것입니다. 여러분은 지금 빅리그로 진출해서 타석에 들어선 것입니다.” 그런 다음 이런 말로 학생들을 자극했다. “내가 좋아하는 야구영화 ‘그들만의 리그’A League of Their Own에 나오는 대사 중에서 제일 마음에 드는 대목이 바로 ‘그게 쉬운 일이었으면 아무나 다 했어’ 라는 것입니다.” 그 영화는 제2차 세계대전 중에 잠깐 동안 남자 야구 대신 치러졌던 미국의 여성프로야구리그를 주제로 한 감동적인 스토리를 담고 있다. 나도 그 영화를 아주 좋아하는데 특히 엉성한 여자 선수단이 미국인들의 상상력을 사로잡은 그 아이디어가 너무 맘에 들었다.

　이 책은 학생들에게, 그리고 진정으로 의미있는 성공의 길을 추구하며 사는 모든 사람들에게 드리는 나의 선물이다. 책을 쓰는 동안에도 나는 매일매일 우리 시대의 위대한 남녀들을 수없이 만나는 행운을 누렸다. 그들이 보여준 통찰력을 모두 이 책에 담았다. 세상에서 가장 성공한 사람들과 인터뷰하고, 그들을 움직이게 만든 동인이 무엇인지, 그들이 어떻게 해서 행복과 성공을 성취하게 되었는지에 대한 이야기들을 여러분과 공유할 수 있게 되어 정말 다행이다. 하지만 막상 책을 쓰려고 자리에 앉으니 다른 사람들의 생각을 한데 모아 놓는 것만으로는 안 되겠다는 생각이 들었다. 그래서 책을 쓰면서 나 자신의 경험을 되새기는 한편 다른 사람들로부터는 지혜를 구했다. 이것은 가슴으로 쓴 책이다.

　시대에 따라 성공의 모습도 바뀌어 왔지만 외부 세계의 변화와 상관 없이 지속되는 근본적인 요소들이 있다. 그래서 나는 그 중에서 가장 의미있다고 생각되는 10가지 요소들을 뽑아 냈다. 이 요소들이야말로 지속적인 성공으로 이끌어 주는 힘이라고 나는 생각한다.

1. 자각 自覺

자각 없이는 아무 일도 할 수 없다. 자각은 여러분 스스로 앞으로 어떤 삶을 살아갈지, 어떤 모습의 성공을 어떻게 추구해 나갈지 정하는 능력이다. 성공은 추상적인 개념이 아니다. 성공의 개념은 여러분이 누구이며, 어떤 자리에 있고, 어떤 것을 사랑하는지에 따라 달라진다. 성공은 눈에 보이는 것이지만, 그렇다고 반드시 돈과 관련되는 것은 아니다. 여러분이 마음속으로 느끼는 만족스러운 상태가 바로 성공이다. 여러분이 설정해 놓은 목표가 무엇인지에 따라 성공은 하버드에서 학위를 따는 것이 될 수도 있고, 아이를 낳아 안아 보는 것이 될 수도 있다. 히트곡을 내고, 인기 있는 자동차를 개발하고, 가족을 부양하고, 혹은 멀리 떨어진 곳에 있는 어떤 오지 마을 사람들의 배를 채워 주는 일이 될 수도 있다. 상을 받고, 암과 싸워 이기고, 승진을 하고, 정원을 가꾸고, 고액 연봉을 받고, 사랑을 얻는 것도 성공이 될 수 있다.

외부로 눈을 돌려 성공한 다른 사람들을 보고 감동을 받는다 해도 여러분이 그들이 될 수는 없다. 여러분은 여러분일 뿐이다. 여러분의 그러한 개체성이야말로 사실은 성공의 가장 중요한 토대이다. 내가 만난 모든 성공한 사람들은 자신의 고유한 능력과 열망에 대한 자각이 아주 강했다. 그들은 자신의 삶을 스스로 이끄는 리더들이었고, 과감하게 자신의 방식으로 자기 꿈을 추구하는 사람들이었다. 그들은 자기가 아닌 다른 어떤 사람이 되려고 애쓰지 않았다.

2. 비전

비전은 앞을 내다보고 가능성을 볼 줄 아는 능력이다. 여러분의 꿈과 여러분이 취하는 행동이 일치하는 곳이 바로 비전이다. 비전을 무슨 고상한 이상처럼 생각할 수도 있겠지만, 비전의 가장 중요한 특성은 초점을 맞추는 것이다. 산탄총을 쏘아대는 식으로 삶과 일에 접근하면 아무것도 이루지 못한다. 나이 든 저널리스트 한 분이 배우와 리포터 모두 되고 싶어 하는 젊은이에게 조언을 해주면서 "고대 동양 속담에 두 마리 토끼를 쫓다간 모두 다 놓친다는 말이 있어요"라고 했다. 옳은 말이다. 초점이 맞춰진 비전이 없으면 그저 갈팡질팡만 하게 될 뿐이다.

3. 이니셔티브

성공한 사람들은 항상 다음 단계로 옮겨가기 위해 어떻게 할 것인지에 대해 생각한다. 이를 위해 필요한 동력이 바로 이니셔티브이다. 첫걸음을 내디딘 다음, 그 다음 걸음을 내딛고, 또 그 다음 걸음을 내딛도록 만들어 주는 동력을 말하는 것이다. 무엇을 원하는 마음만 가지고는 안 된다. 가만히 앉아서 기다리기만 해서도 안 된다. 우리 엄마는 "일찍 일어나는 새가 벌레를 잡는단다"라는 말을 입버릇처럼 하셨다. 이것은 저널리스트들도 신조로 삼을 만한 말이다. 내가 하는 일도 남보다 먼저 현장에 도착하고, 남보다 더 부지런히 돌아다녀야 하기 때문이다.

4. 용기

용기는 난관을 이겨내고, 불가능하게 보이는 일도 힘을 내서 해낼 수 있도록 만들어 주는 내적인 담력이다. 내가 아는 성공한 사람들 대부분은 다른 사람들이 "어떻게 그런 일을 해냈는지 도저히 못 믿겠어"라고 할 정도로 큰 용기를 보인 사람들이다.

옛날 이탈리아 속담에 "아무 일도 안 하면 실패도 안 한다"라는 말이 있다. 용기란 결과가 어떻게 될지 확신이 서지 않더라도 무슨 일을 시도해 보는 것을 말한다. 다른 사람들이 뒤로 숨기에 급급할 때 당당히 나서서 맞서는 것이며, 실패를 무릅쓰고라도 하고자 하는 일을 하는 것이 바로 용기다. 용기는 허세가 아니며 어리석은 만용과도 다르다. 용기란 간단히 말해 두려움에 떠는 대신 가능성을 믿는 자세로 살아가는 것이다. 따라서 용기는 우리가 하는 일상적인 행동 하나하나에 그대로 드러난다.

5. 정직

정직은 옳은 일을 하는 것을 뜻한다. 그렇다면 어떤 일이 옳은 일인가? 단언컨대 그건 여러분도 잘 알 것이다. 직감으로 알 수 있는 것이다. 정직은 자신의 내면을 들여다보는 것을 뜻한다. 다 버리고 오직 자기 자신과 대면할 때 여러분은 어떤 모습일까? 예를 들어 윤리적인 딜레마에 맞닥뜨렸을 때 우리는 어떤 것이 옳은지 마음속으로 안다.

정직이란 매일매일의 일상사에서 여러분이 하는 행동 양식을 말한다. 정직은 그저 좋은 것일 뿐만 아니라 성공의 주춧돌이 된다. 사람들은 정직함에 마음이 끌린다. 여러분이 정직하다면 사람들이 주위에 몰리고 여러분을 본받으려고 애쓰게 된다. 여러분을 신뢰하게 되는 것이다. 그리고 여러분을 믿기 때문에 여러분에게 기회를 주고 싶어 할 것이다. 돈은 있지만 정직하지 않은 사람도 있고, 명성은 있는데 정직하지 않은 사람도 있다. 멋진 사무실에서 일하면서도 정직하지 않은 사람이 있다. 하지만 정직하지 않으면서 진정한 성공을 거두기는 절대로 불가능하다.

6. 적응

적응은 자만에 반대되는 말이다. 살아남는 자들은 언제나 적응할 줄 아는 사람들이다. 유사 이래 언제나 그러했고 그건 지금도 마찬가지다. 기술의 진보와 함께 그동안 정말 많은 산업이 변화를 겪었다. 언론도 마찬가지다. 신문들이 줄줄이 문을 닫고 웹에는 정보가 넘쳐난다. 제조업은 위기를 맞았고 제조 분야 일자리는 비용이 적게 드는 곳을 찾아 아웃소싱을 하고 있다. 수백만 개의 일자리가 사라졌고, 그렇게 사라진 일자리가 다시 살아날 수 있을지도 의문이다. 답은 변화에 맞서는 게 아니라 변화에 적응하는 우리의 능력에 달렸다. 문을 활짝 열고 새로운 기회를 맞아들이는 데 해법이 있는 것이다. 적응의 핵심은 항상 배우는 자세를 갖추는 것이다. 이러한 자세는 부富의 최정상에 올라 있는 사람도 마찬가지다. 금융위기를 극복하는 데 있어서 장기적으로 제일 유리한 위치에 있는 사람은 변화에 가장 능숙하게 적응할 줄 아는 사람이라는 사실에는 의문의 여지가 없다.

7. 겸손

내가 아는 훌륭한 사람들 대부분은 아주 겸손하다. 겸손은 유약함을 뜻하는 게 아니며, 다른 사람이 자신을 딛고 정상을 향해 올라가도록 내버려두는 것도 아니다. 겸손은 그저 자신이 인간임을 자각하는 것이다. 우리는 겸손한 사람에게서 아주 큰 호감을 느낀다. 예를 들어 "세상에, 내가 일을 완전히 망쳐놨네"라고 말하는 사람을 보면 모두가 호감을 갖게 된다. 스스로를 책망하는 사람을 보면 기분이 좋아진다. 하지만 남을 탓하고 따지려고 드는 사람들은 모두가 싫어한다. 겸손함이 없으면 절대로 자신의 진정한 본모습은 물론 다른 사람의 진짜 모습도 보지 못한다.

8. 인내

성공은 덧없이 지나가는 것이기 때문에 한번 성공했다고 해서 그 성공이 항상 유지될 것이라는 보장은 없다. 성공은 하나의 긴 여정이다. 그러니 그것을 지속시켜 줄 수단이 필요하다. 설혹 자기가 좋아하는 일을 하고 있다 하더라도 시간이 지나면 기진맥진할 수가 있다. 인내심을 발휘하기 위해선 페이스 조절, 절제, 장기적인 결과를 위해 단기적인 이득을 희생할 줄 아는 능력 등이 필요하다. 성공을 도로 끝에서 만나는 최종 목표점이 아니라 매일매일 만나는 일상의 한 부분으로 받아들일 수 있는 능력이 바로 인내다. 큰 성공을 거둔 사람들은 그 도로를 작은 승리들로 차근차근 포장할 줄 아는 사람들이다.

9. 목표 의식

나는 어릴 적에 가톨릭학교에 다니면서 그곳 수녀 선생님들을 보고 경외감을 느꼈다. 그분들은 소명召命이라고 부르는 신비로운 덕목을 갖고 계셨다. 적어도 어린 나의 눈에 그것은 신비한 것으로 보였다. 당시 나는 소명을 갖는다는 것은 아주 특별한 사람들에게만 국한되는 일이라고 생각했지만 크고 나서 보니 생각이 좀 달라졌다. 우리 모두가 소명을 갖고 있으며 그것은 직업, 수입, 생활방식이 가져다 주는 물질적인 요소를 초월하는 것이다. 내가 만난 많은 사람들이 자기들도 삶에 있어서 정말로 중요한 게 무엇인지 뒤늦게 깨달았다는 말을 했다. 보통은 위기를 겪으며 눈을 뜨게 되는 경우가 많았다. 아프거나 직장을 잃고, 혹은 삶을 송두리째 뒤흔들어 놓은 어떤 일을 겪으면서 정말 중요한 게 무엇인지 정신이 번쩍 들었다고들 했다. 하지만 재앙을 당해야만 삶의 목표가 무엇인지 알게 되는 건 아니다. 우리 모두의 마음속 깊은 곳에는 의미있고 충만한 삶을 살고자 하는 욕망이 자리하고 있다.

10. 끈질김

인생은 시소 타기와 같다. 올라갈 때가 있으면 내려올 때도 있는 것이다. 우리는 성공이란 덧없는 것임을 너무도 잘 안다. 자기 탓이든 아니면 어찌 해 볼 수 없는 불가항력적인 상황 때문이든 한순간에 모든 것을 다 잃을 수도 있다. 하지만 때때로 우리는 다시 돌아오는 사람들을 본다. 마치 무덤 속에서 되살아난 것처럼 다시 일어서는 사람들을 보면 낙관적인 희망이 솟아난다. 그들이 어떻게 해서 다시 일어서게 되었는지 궁금해진다. 어떤 태도와 능력이 그들로 하여금 불가능해 보이던 복귀를 가능케 했을까.

　이런 열 가지 요소들은 지속적인 성공에 필요한 기반이다. 이 요소들을 생각하면 한 가지 분명한 사실이 떠오른다. 그것은 바로 이들 요소 가운데 어느 것 하나도 외부 상황에 좌우되는 것이 없다는 사실이다. 진정한 성공은 우리 안에서 만들어진다. 다시 말해 좋은 시절이건 힘든 시절이건 관계없이 누구나 성공하고, 성공을 지속시킬 수 있다는 말이다. 나는 항상 자기 인생은 자기 자신이 책임져야 한다고 믿어 왔다. 그렇지 않으면 다른 누군가가 끼어들어서 그 책임을 대신 지게 된다는 말이다. 여기서 말한 열 가지 요소들은 경제 상황이 어떻게 변하든 여러분이 자기 삶의 주인이 되도록 도와 줄 것이다. 이 책에서 얻을 가장 중요한 교훈을 들자면 그것은 바로 여러분 자신이 자기 인생의 주인이며, 자기가 선택하는 방식으로 자기 인생을 살아갈 수 있다는 사실이다. 나는 내가 아는 친구들을 사례로 들어가며 여러분에게 아주 약간의 도움만 주려는 것일 뿐이다.

1

자각 自覺

내면의 소리에 귀를 기울여라

CNN을 떠나 신생 방송국 CNBC로

만약 기자 생활을 시작한 초기에 누가 내게 "마리아, 당신은 어떤 열정을 갖고 있나요. 정말 하고 싶은 일이 무엇이에요?"라는 질문을 던졌으면 나는 제대로 대답을 하지 못했을 것이다. 당시 나는 막연히 저널리스트가 되고 싶다는 생각을 하고 있었는데, 아주 우연한 기회에 관심도 있고 재능도 있는 비즈니스 리포팅 분야에 자리를 얻게 되었을 뿐이기 때문이다. 하지만 그러한 관심이나 재능을 발휘할 수 있는 길은 그 밖에도 얼마든지 있고, 나는 지금도 내가 이 길을 택한 게 잘한 일인지 생각해 본다. 다행히도 나는 자신의 재능과 관심을 발휘하는 데 적합한 일을 찾은 것 같다.

대학 졸업 후 곧바로 CNN에서 프로덕션 어시스턴트 자리를 얻게 되자 나는 그야말로 꿈이 이루어진 것처럼 기분이 좋았다. 물론 처음에는 내가 얼마나 대단한 기회를 잡은 것인지조차 제대로 몰랐다. 학교에 다닐 때는 모두들 제대로 자리잡은 큰 방송국에서 일하겠다는 생각들만 했다. 하지만 노동조합도 설립되어 있지 않은 CNN 같은 소규모 방송국에서 일을 시작함으로써 나는 온갖 궂은일을 경험해 볼 수 있게 되었다. 메이저 방송국에서 일을 하면 텔레프롬프팅이나 플로어 디렉션처럼 특정한 한 가지 일만 맡게 되어서 업무 영역이 좁아진다. 하지만 CNN에서는 한 사람에게 여러 가지 일을 맡겼기 때문에 나는 방송에 필요한 다양한 일들을 배울 수 있었다.

뉴스 비즈니스, 특히 CNN처럼 활기가 넘치는 신생 방송에서의 뉴스 일은 정말 신났다. 걸프전이 시작된 지 얼마 되지 않아서였고 CNN은 당시 뉴스 리포팅의 역사를 새로 만들어가고 있었다. 뿐만 아니라 비즈니스 뉴스 분야에서도 공격적인 방식으로 새로운 길을 개척해 나

가고 있었다. 머니 라인, 비즈니스 데이, 비즈니스 모닝 같은 프로들이
속속 시작되었다. 매일매일 출근길이 마냥 행복했다. 그때는 어떤 일
을 하고 싶다는 뚜렷한 목표는 없었지만 긴박하게 돌아가는 뉴스 비
즈니스 일이 내 적성에 맞다는 생각은 들었다. 그리고 내게 사람들을
만나 이야기를 나누고, 정보를 얻고, 세상 이치를 터득해 나가는 재주
가 있다는 것도 알게 되었다.

몇 년 지나지 않아 어사인먼트 데스크의 에디터로 일하게 되면서
내 적성에 딱 맞는 일을 제대로 찾았다는 생각이 들었다. 대단한 자리
는 아니었지만 나는 그 일이 좋았다. 처음에는 CNN 비즈니스국의 스
타들인 키티 필그림, 테리 키넌, 잰 홉킨스 같은 현장 리포터들을 위
해 원고를 쓰고 화면을 제작했다. 루 답스와도 그가 진행하던 인기 프
로인 머니 라인에서 함께 일했다.

나는 내가 맡은 일을 사랑했고 열심히 일에 몰두했다. 그렇게 5년
이 지날 무렵 CNN은 갑자기 어사인먼트 데스크 개편 계획을 발표했
다. 국장은 "좋은 소식이야"라면서 나를 어사인먼트 에디터에서 심야
프로의 프로듀서로 승진시키기로 했다는 것이었다. 승진 소식에도 불
구하고 그 말을 듣고 나는 실망했다. 하고 있던 일을 그만두고 싶지
않았기 때문이다. 그때 나는 정말 신나게 일했다. 뉴스원들과의 소통
도 잘되고, 인간관계가 원활해서 뉴스메이커들을 방송에 모시는 일도
수월하게 진행되고 있었다. 많은 사람을 만났고, 책상 위에 둔 명함철
이 자랑스럽게 차곡차곡 채워지던 때였다.

승진은 내게 좋은 기회였다. 봉급도 많아지고 직책도 한결 더 근사
했다. 하지만 그건 내가 원하는 자리가 아니었다. 겉으로 드러내지는

않았지만 기분이 아주 언짢았다. 그래서 나는 건물 22층에 있는 도서관으로 가서 마음 놓고 울었다.

중대한 결단의 시기와 마주한 것이었다. 대부분의 다른 동료들처럼 나 역시 직장에서 한 단계씩 위로 올라가야 하는 처지이고, 중요한 것은 계속 위로 올라가는 것이었다. 더 나은 직책과 더 많은 봉급을 거머쥘 수만 있다면 일을 얼마나 사랑하는지는 사실 큰 문제가 아니었다. 그런데 갑자기 그런 상황이 내게 닥친 것이었다. 하지만 마음속으로 나는 이건 내가 좋아하는 일이 아니라는 것을 똑똑히 알았다. 그건 나에게 맞는 일이 아니었다.

어떻게 해야 돼? 비틀거리며 화장실로 걸어 들어가 세면대 앞에 서서 눈가에 묻은 자국을 지우고 있는데 키티 필그림이 들어왔다. 나보다 불과 몇 살 위이지만 나는 항상 그녀를 우러러보았다. 그녀는 남성 전용 클럽인 비즈니스 뉴스계에 당당히 진입해서 활약하고 있었고, 언제 봐도 자신만만한 모습이었다. 지금까지도 키티는 CNN에서 최고의 비즈니스 앵커와 리포터들 가운데 한 명이다. 어떻게 하면 그런 자신감과 확신을 갖게 될 수 있는지 궁금했다. 물론 당시 내게는 그런 자신감이 없었다.

내 기분이 좋지 않다는 것을 알고 키티는 걸음을 멈추고 말을 걸었다. 나는 이렇게 털어놓았다. "키티, 어떻게 해야 좋을지 모르겠어요. 나는 지금 하는 일이 너무 좋고 떠나고 싶지 않아요. 승진한 것은 좋지만 새로 맡게 되는 일은 내가 싫어할 게 틀림없어요. 그만둬야 해요? 아니면 승진하니 좋다고 그냥 덥석 받아 먹어요?"

키티는 정말 현명한 사람이었다. 이렇게 말하는 것이었다. "마리아, 앞으로 5년 뒤에 당신이 어디에 가 있을지를 생각해 봐요. 그 모습이 그려진다면 그 목표를 향해 나아가야 해요. 내가 당신한테 해줄 수 있는 최선의 충고는 이 말이에요.”

　다른 사람으로부터 자신의 앞날에 대해 장기적인 안목을 가지라는 충고를 들은 건 그때가 처음이었다. 그날 나는 내가 무엇을 향해 나아가는지에 대해 심각하게 고민하기 시작했다. 내가 좋아하는 일이 무엇인지에 대해 먼저 생각해 보았다. 뉴스 일의 중심에서 다양한 분야의 사람들과 소통하고, 원고 쓰는 일을 나는 정말 좋아한다. 감히 입밖에 낸 적이 없는 열망이 내 안에 있다는 사실도 깨달았다. 그건 바로 내가 직접 카메라 앞에 등장하는 것이었다. 최종 목표를 실현시키기 위한 노력을 계속한다면 이 시점에서 새로운 직책을 받아들이고, 그걸 나의 미래를 위한 징검다리로 활용하자는 생각이 들었다. 나는 실제로 그렇게 했고, 그 과정에서 다른 크루들의 도움을 약간 받았다.

　새 직책을 받아들인 다음 심야프로 제작일을 시작했다. 하지만 내게는 자신의 포트폴리오를 만들어 나가고, 방송 경험을 쌓는다는 더 큰 계획이 있었다. 정규 일이 끝나면 나는 아침 뉴스 크루들을 따라 증시 개장시간에 맞춰 현장으로 나가서 뉴스거리와 사운드 바이트를 챙겼다. 크루들만 있을 때는 내 손으로 직접 스크립트를 쓴 다음, 직접 방송을 해볼 테니 카메라에 담아 달라고 부탁했다. 그렇게 해서 클립 몇 편을 만들었다. 크루들을 구슬리기도 하고 애원도 했다. “십분이면 돼요. 스크립트도 써놓았는데 한번만 찍어 주면 안 돼요?” 크루들은 내게 정말 친절하고 우호적으로 대해 주었다. 그들의 도움으로 내 클립 포트폴리오가 만들어졌다. 나는 실제 방송에서 하는 것처럼 이렇게 멘트를 덧붙였다. "마리아 바르티로모, 리포팅 포 CNN 비즈니스 뉴스."

그렇게 하니 내가 정말 하고 싶은 일이 무엇인지 더 명확해졌다. 클립이 어느 정도 모아지자 나는 테이프를 CNBC를 포함해 몇 군데 방송사로 보냈다. 비즈니스 뉴스를 중점적으로 보도하는 방송사로 가고 싶었는데 CNBC에서 회신이 왔다. 내가 보낸 테이프가 마음에 든다는 것이었다. 그래서 어느 날 아침에 밤샘 일을 마친 나는 마음의 준비를 단단히 하고서 당시 CNBC의 피터 스터트번트 사장, 회장으로 취임한 지 얼마 되지 않은 로저 에일스와 면담을 갖기 위해 뉴저지주 포트 리에 있는 그들의 사무실로 향했다. 면담은 잘 진행된 것 같았다. 그 사람들과 서로 의기가 투합했기 때문이다. 면담을 끝낸 뒤 나는 새 직장으로 옮겨가게 될 것이라는 확신이 얼마나 강했던지 곧바로 맨해튼으로 나가서 드레스 두 벌을 새로 샀다.

집에 오자 녹초가 되었다. CNN으로 밤근무를 하러 나가기 전에 몇 시간이라도 눈을 붙이려고 잠을 청했다. 한참 자고 있는데 전화벨이 울려 비몽사몽간에 수화기를 들었다. CNBC에서 걸려온 전화였다. 같이 일하자는 것이었다. 현장 리포터로 와달라는 것이었다. 그 길로 잠자리에서 일어나 버렸다. 너무 흥분되어 더 이상 잘 수가 없었다.

벌써 16년 전의 일이지만 지금도 그 젊은 시절의 내가 택한 길이 생생하게 기억난다. 나는 지금도 그때 배운 진리를 잊지 않고 있다. 그것은 바로 자신을 정확하게 알고, 자신이 진정으로 원하는 길을 따라가라는 것이다. 직책, 위신, 돈도 좋다. 하지만 여러분이 좋아하는 일을 하는 게 아니라면 그런 건 아무 짝에도 소용없다.

자기 운명은 자기가 지배하라. 안 그러면 남이 지배한다

잭 웰치

잭 웰치는 내게 중요한 멘토 역할을 해준 분이다. 내가 1993년에 CNBC로 옮길 당시에 그는 모회사인 제너럴 일렉트릭의 회장 겸 최고경영자CEO였다. 그는 툭하면 이런 말을 했다. "당신의 운명은 당신이 지배하라. 안 그러면 남이 지배한다."

이 말이야말로 가장 기본적인 개념, 다시 말해 성공의 핵심이 되는 말이다. 물결에 몸을 맡기면 내가 가고 싶어 하는 곳으로 데려다 주겠지 하는 사고방식으로는 절대로 인생을 살아갈 수 없다. 스스로 헤엄쳐서 가고자 하는 곳으로 나아가야만 한다. 경제 환경이 어렵다 보니 "짤리지 말아야 할 텐데, 어떻게든 붙어 있어야 하는데"라고 말하는 사람들을 많이 본다. 정말 무능하기 짝이 없는 태도이다. 눈앞의 폭풍우는 근근이 버텨서 살아남을 수 있다고 치자. 하지만 그 다음에는? 그저 최악의 상황만 모면하겠다는 생각으로 생을 허비하겠다는 것인가?

요즘은 자신의 운명을 자기가 지배하지 못하고 있다고 생각하는 사람들이 너무도 많다. 그런 사실에 나는 너무 놀랐다. 크게 성공한 전문 직업인들 가운데서도 매일 사무실 책상에 앉아 상사로부터 호출 전화벨이 울릴까 전전긍긍하며 시간을 보내는 경우가 많다. 나는 개인적으로 혹은 취재하면서 그런 사람들과 이야기를 많이 나누었다. 그들은 기업합병과 파산 등 월스트리트에서 일어나는 일들을 보면서 자신이 감원 바람의 희생자가 되지 않을까 두려워하고 있었다. 외부 상황에 대해 사람들이 보이는 반응에는 두 가지 유형이 있다. 어떤 사람들은 주변 상황이 쳐놓은 덫에 걸려 옴짝달싹할 수 없게 되어, 그저 일이 잘되기를 손 놓고 기다리는 것 외에는 다른 방법이 없다고 생각한다. 그런가 하면 또 어떤 사람들은 행동에 나선다. 자기가 갖고 있는 기술을 더 연마하고, 다른 분야로 진출해 볼 가능성은 없는지 알아본다. 이 후자 그룹에 속하도록 노력하면서, 어려운 시기에 자신의 운명을 스스로 지배하는 사람이 되는 게 정말 중요하다.

자기 미래는 자기가 책임지겠다는 결심을 하는 것만으로도 감정을 다스리는 데 도움이 된다. 패배자라는 피해의식에 싸여 두려움에 떨기는 쉽다. 두려움은 파급효과를 일으킨다. 두려움을 느끼면 우울해지고, 우울해지면 최상의 컨디션을 유지할 수 없다. 그래서 기회가 오더라도 그것을 제대로 살려 활용할 준비를 갖추지 못하게 된다. 아무리 불가항력적인 상황을 맞이하더라도 침착하게 자기 뜻대로 대응 방식을 선택할 수가 있다. 나는 9/11 테러 때 3000명 넘게 사망자가 발생한 바로 그 쌍둥이 건물에서 남편을 잃은 여성들과 시간을 보낼 기회가 있었다. 그들이 제일 먼저 보인 반응은 충격과 절망이었다. 그들은 끔찍한 충격뿐 아니라 남은 가족들이 앞으로 어떻게 살아나가야 할지에 대한 경제적인 불확실성과 불안감에 떨고 있었다. 하지만 이 여성들은 스스로를 추스르고 일어나 다른 희생자 가족들을 돕겠다고 팔을 걷어붙이고 나섰다. 그것은 끔찍한 비극이 남긴 하나의 영적인 유산이라고 할 만하다.

아무리 큰 모험도 피하지 마라

힐러리 클린턴, 빌 게이츠, 에릭 슈미트

스스로 택한 길을 가다 보면 여러 가지 위험이 따른다. 닥치는 위험은 이겨낼 수도 있고, 이겨내지 못할 수도 있다. CNN을 떠나 CNBC로 옮기기로 하고 나는 상사인 루답스를 찾아가 그 말을 했다. 그는 굳은 표정으로 나를 쳐다보면서 이렇게 말했다. "마리아, 당신은 지금 당신 인생에서 제일 큰 실수를 하는 거야." 그는 나를 믿었기 때문에 그런 말을 한 것이다. 그는 내가 CNN에 남아 있으면 앞으로 최고의 기회를 맞게 될 것이라고 믿었다. 당시 CNBC는 반짝 뜨는 방송사였기 때문에 루는 내가 짧은 안목으로 그런 결정을 내렸다고 생각했을 것이다. 존경하는 사람에게서 그런 소리를 들으면 정신이 아찔해질 수가 있다. 하지만 나는 자신을 믿었고, 실패하는 한이 있더라도 자신이 내린 결정을 밀고 나가겠다는 생각이었다. 내가 CNBC로 옮기기로 한 것은 경솔하게 내린 결정이 아니라 다음의 두 가지 요소를 확고하게 감안해서 내린 조치였다. 첫째, 나는 자신이 하고 싶은 일을 택했다. 둘째, 이번에 일이 잘못되면 툴툴 털고 잊어버리고 다음 기회를 또 노리면 된다는 생각을 했다.

힐러리 클린턴이 상원의원 출마 계획을 발표했을 때를 한번 생각해 보자. 그때 사람들은 남편의 덕을 보려고 하느냐, '진짜 뉴요커'도 아니지 않으냐, 상원의원 자질이 있느냐는 등 부정적인 말들을 했다. 하지만 그녀는 그런 말에 귀를 기울이지 않았고, 그런 말을 하는 사람들이 틀렸음을 입증해 보였다. 빌 게이츠가 하버드를 중퇴하고 조그만 회사를 설립해 나중에 마이크로소프트로 키운 과정도 마찬가지다. 처음에 그의 가족들은 크게 실망했다. 어떻게 허황된 꿈을 좇겠다고 그토록 많은 기회가 보장된 하버드를 그만두느냐는 것이었다. 시간은 힐러리와 빌 게이츠의 결단이 옳았다는 것을 입증해 주었지만, 그들이 주위의 부정적인 말들을 물리치고 자기 내면의 소리를 따르기로 한 데는 자기 확신과 결단력이 필요했다.

미지의 영역에 뛰어들어 성공한 사람들을 만나면 물어보고 싶은 게 너무 많다. 구글 회장 겸 CEO인 에릭 슈미트에게 2001년 구글에 들어올 때의 일에 대해 물어 보았다. 당시 그는 46세였고 구글의 젊은 창업주인 래리 페이지나 세르게이 브린보다 나이가 거의 한 세대는 더 많았다. 두 사람 모두 28살이었다. 당시 슈미트는 엔지니어로서 그리고 전문경영인으로서 확고한 경력과 명성을 누리고 있었다. 구글에 들어가기로 했을 때 그는 테크놀로지 기업인 노벨의 CEO였다. 그에 비하면 구글 창업주들은 미지의 모험에 나선 어린애들이나 마찬가지였다.

"구글로 옮기기로 한 게 큰 모험이 아니었나요?"

나는 슈미트 회장에게 이렇게 물었다. 그는 래리와 세르게이 두 사람과의 첫 면담 장면을 내게 이야기해 주었다. "두 사람이 있는 사무실로 걸어 들어갔더니 래리와 세르게이가 프로젝터를 손에 들고 서 있었습니다. 벽에는 이미지로 만든 내 약력이 크게 올라 있었어요." 그는 이렇게 말을 이었다. "내 눈에는 두 사람 모두 어린애들 같아 보였습니다. 우리는 허심탄회하게 대화를 나누었고, 각자 하는 일에 대해 서로 의견을 교환했어요. 그 자리를 떠날 때 나는 '지금까지 이렇게 자신만만한 젊은이들은 본 적이 없어' 라는 생각을 했어요. 한편으로는 '정말 독특한 자들이야. 하여튼 나중에 한번 더 봐야겠어' 라는 생각을 했습니다."

슈미트 회장은 이렇게 말을 이었다. "당시에는 큰 모험이라고 생각했지만 한번 해볼 만한 모험이었어요. 왜냐하면 나도 정말 흥미있는 일을 하고 싶었기 때문이지요. 당시 나는 서치나 광고 비즈니스 쪽은 잘 알지 못했어요. 그리고 구글이 엄청난 성공을 거두리라고 생각지도 않았어요." 그런데 왜 그리로 옮겼다는 말인가? 그는 두 젊은이가 갖고 있는 엄청난 창의력에 매력을 느꼈기 때문에 구글로 옮기게 되었다는 말을 했다. "천재성은 간혹 이상한 포장지에 싸여 배달되지요." 그는 웃으면서 이렇게 말했다. "모차르트를 비롯해 여러 괴짜 천재들을 생각해 봐요. 래리나 세르게이와 같은 천재들과 함께 일하게 된 것은 어떤 특권을 누리는 것과 마찬가지라고 생각해요. 그 두 사람은 지금도 회사를 설립할 때와 마찬가지로 천재성을 번뜩입니다.

에릭 슈미트 회장은 자신이 모험을 하며 구글로 옮긴 것을 아주 잘한 결정이었다고 생각한다. 그 모험은 그에게 부를 가져다 주었을 뿐만 아니라 행복도 가져다 주었다. 그는 매일매일 출근길이 즐겁다.

성공의 잣대에서 돈은 제외시켜라

인드라 누이, 칼리 피오리나, 누리엘 루비니

얼마 전 웨이크 포리스트대에서 졸업을 앞둔 비즈니스 스쿨 학생들에게 강연할 기회가 있었다. 강연

도중에 한 학생이 이런 말을 했다. "앞으로 무슨 일을 해야 할지 모르겠습니다. 비즈니스 스쿨에 들어올 때는 모든 사람들이 참 잘한 결정이라는 말을 해주었어요. 앞으로 많은 돈을 벌 수 있는 첫걸음을 내디딘 것이라고들 했어요. 지난해 금융위기가 강타하기 전까지는 나도 졸업하면 곧장 고액 연봉을 받는 직장으로 직행할 것이라는 기대를 가졌습니다. 학자금 대출 갚으려면 고액 연봉을 받아야 하고, 그동안 열심히 공부했으니 그런 대우를 받을 만한 자격도 있다고 생각합니다. 그런데 이제 어떻게 해야 합니까?" 그 젊은이를 보니 참 안됐다는 생각이 들었다. 똑똑하고 유능한 사람임에 틀림없어 보였지만, 동시에 오늘날 진로를 찾지 못해 방황하는 젊은이들의 전형적인 모습을 보는 것 같았기 때문이다. 이런 젊은이들은 너무 오랫동안 다른 사람이 만든 각본에 따라 살아왔기 때문에 돈벌이 이외의 다른 분야에서는 자신의 미래를 생각할 줄을 몰랐다.

강연을 마친 다음 나는 펩시콜라의 CEO를 지내고, 당시 웨이크 포리스트 비즈니스 스쿨 학장으로 있던 스티븐 레인문트와 자리를 같이 했다. 그는 많은 졸업생이 일류 기업에 고액 연봉을 받고 들어가야 그것을 보고 학생들이 많이 모여들 텐데 일이 아주 힘들어졌다는 말을 했다. 학생들의 생각은 오로지 앞으로 고액 연봉을 받는 데만 있다는 것이었다. 돈을 많이 벌겠다는 생각이 잘못되었다고 할 수는 없지만, 성공의 의미를 따지는 데 있어서 돈이 차지하는 비중을 지나치게 중요시하는 것은 잘못이다. 내가 그 강연을 하던 당시에는 상위권 기업들 다수가 신규 채용을 하지 않았다. 우물이 말라 버린 것이다. 나는 그 학생들 앞에서 펩시콜라 CEO인 인드라 누이와 무대 위에서 공개

인터뷰를 진행했다. 누이 여사는 아주 솔직하게 이야기를 해주었다. 오늘날과 같은 경제 환경에서 학생들에게 해줄 충고가 무엇이냐고 물었더니 그녀는 지금이야말로 좋은 기회라고 했다. 가슴이 시키는 일과 돈벌이를 위해 하는 일을 동등한 자리에 올려놓고 저울질해 보기에 지금보다 더 좋은 기회가 또 언제 오겠느냐는 것이었다. 그녀는 지금이야말로 세계로 눈을 돌려 어려움에 처한 사람들을 돌아보고, 가진 것을 나누어 줄 때라고 말하며 학생들에게 학교를 졸업하면 1~2년은 자원봉사를 하거나 여행을 다니라고 충고했다. 다시 말해 어려운 취업시장 상황을 자신의 시야를 넓히는 기회로 활용하라는 것이었다.

스티븐 레인문트 학장도 힘든 비즈니스 환경이 대학에 미치는 여파에 대해 많은 생각을 하고 있었다. 그는 내게 이렇게 말했다. "비즈니스 스쿨도 변해야 합니다. 지금은 학교의 순위를 재는 최상의 척도가 채용 전문기관이 우리 학생들에게 고액 연봉의 일자리를 얼마나 많이 제시하느냐에 달려 있습니다. 나는 이런 척도는 잘못되었다고 생각합니다. 우리는 학생들에게 자기가 정말 좋아하는 일, 잘하는 일, 국가와 세계에 유익한 일을 하라고 가르치는 게 아니라 어떻게든 돈을 많이 벌어야 한다고 가르치고 있습니다." 이런 척도가 버블을 만드는 데 일조했고, 그 거품이 터져 2008년 금융시장 위기가 일어난 것이다. 비즈니스 스쿨을 졸업한 똑똑한 MBA 학위 소지자들이 제조업, 보건의료, 테크놀로지 등 경제의 토대가 되는 다양한 분야에서 일자리를 구하는 게 아니라 큰돈을 벌기 위해 골드만 삭스, 그리고 블랙스톤 그룹과 같은 사모펀드 회사들로 모여들었다. 왜 그랬을까? 사랑이 아니라 돈을 좇아서 그렇게 몰려간 것이다.

나는 뉴욕대 비즈니스 스쿨의 누리엘 루비니 경제학 교수에게 학교 문을 나서는 졸업생들이 성공의 길로 들어설 수 있도록 어떤 충고를 해주겠느냐고 물었다. 누리엘 교수는 대단한 통찰력의 소유자다. 그는 2008년 금융위기가 닥치기 만 2년 전에 미국이 엄청난 주택가격 폭락, 석유 위기, 경기후퇴를 향해 나아가고 있으며, 그로 인해 세계 경제에 대 지각변동이 밀어닥칠 것이라고 예견한 사람이다. 당시에는 아무도 그가 하는 말에 귀를 기울이지 않았다. 뉴욕타임스는 비관적인 전망만 한다며 그에게 '닥터 둠' Dr. Doom 이라는 별명을 붙여 주었다. 이제는 누리엘 교수의 예언이 옳았음이 입증되었다. 그의 메시지는 자주 들을 수 있는 것은 아니지만, 그는 경제의 흐름에 촉각을 곤두세우고 있는 몇 안 되는 사람 가운데 하나다. 누리엘 교수는 학생들이 금융분야로만 모여선 안 되며, 그동안 닦은 지식과 경험을 다른 분야와 공유해야 한다고 생각한다. "미국은 보다 많은 사람들이 기업가가 되고, 제조업에 종사하고, 장기적으로 경제성장에 기여할 분야들로 진출해야 한다고 생각합니다"라고 그는 말했다. "이 나라 최고의 인재들이 모조리 월스트리트로만 모인다면 인력자산 분배가 왜곡되어 결국 비효율성을 낳게 될 것입니다."

누리엘 교수는 대단히 중요한 문제점을 지적하고 있다. 우리는 성공의 의미를 재평가하고, 특히 자신의 앞날에 대해 결정을 내려야 하는 젊은이들에게 성공에 대해 말할 때 신중하게 다시 생각해 보아야 한다. 지난 25년 동안 금융 서비스 분야의 중요성은 꾸준히 상승해서 이제 우리 경제에 핵심적인 분야로 자리잡았다. 엄청나게 매력적인 분야로 성장하며 비즈니스 스쿨에서 배출되는 대부분의 인재들이 고액 연봉을 받으며 금융 서비스 시장으로 뛰어들었다. 이들은 경제의 넓은 틀에 대해서는 더 이상 생각하지 않고 제조업, 생명공학을 비롯해 여타 기초산업 분야는 쳐다보지도 않았다. 하지만 이제 금융 시스템에 충격이 밀어닥치며 그런 매력은 사라졌고, 일자리도 함께 사라져 버렸다.

나는 학생들에게 항상 이렇게 말한다. "부자가 되겠다는 생각 때문에 직업을 택하지 마세요. 수입이 가장 좋을 것이라는 기대 때문에 직장을 택하지 마세요. 그 일을 사랑하기 때문에 그 직업을 택하도록 해야 합니다. 돈은 많이 벌지만 자기가 하는 일을 사랑하지 않는다면 비참해질 것입니다. 일을 하며 행복을 느끼지 못한다면 여러분은 그 일을 계속하고 싶지도 않을 것입니다."

출신 배경이 장래를 결정짓지는 않는다

우르슐라 번스, 오프라 윈프리

맨해튼 로어 이스트 사이드의 빈민가에서 자란 우르슐라 번스는 어릴 적부터 엄마에게서 "네가 자라는 곳이 너의 장래를 결정짓지는 않는단다"라는 말을 수없이 들었다. 우르슐라는 제록스의 CEO가 되었고, 포천지 선정 500대 기업을 이끄는 미국 최초의 흑인 여성이 되었다. 그녀는 이제 어려운 가정에서 자라 위대한 미래를 꿈꾸는 사람들의 중요한 롤 모델이다.

우르슐라는 자신의 성공 비결을 성별이나 인종이 아니라 업무 능력 덕분이라고 말한다. 그녀는 제록스의 엔지니어링 분야에서 거의

30년 동안 눈부신 재능을 발휘했다. 그녀는 자기가 가진 혁신적인 사고력은 자신의 독특한 삶에서 우러나오는 것이라는 말을 내게 했다. 그녀는 제록스에서 일하는 다른 대부분의 임원들과는 전혀 딴판인 삶을 살아왔다. "정상적인 것과는 거리가 먼 곳 출신이다 보니 어떤 문제나 기회에 대해 비정상적인 방식으로 접근하는 게 내게는 자연스러운 일이 되었어요." 그녀는 이렇게 말했다. "나는 맨해튼 로어 이스트 사이드에서 홀어머니와 함께 자랐어요. 내게는 그게 정상적인 것이었지요. 우리 업계의 지도자들 대부분은 나와 다른 배경을 갖고 있습니다. 그래서 내가 가진 독특한 시야가 내가 하는 일에 도움이 됩니다. 나는 자신이 처하게 되는 상황을 항상 이런 식으로 받아들입니다. 그리고 제록스는 개성을 존중하기 때문에 나 같은 사람이 일하기에 정말 멋진 곳입니다." 우르슐라는 제록스가 이미 1960년대부터 앞장서서 종업원들의 다양성을 중시하는 프로그램을 도입했다는 사실을 가리켰다. 그리고 그녀는 그 프로그램의 혜택을 보았다. 지금은 제록스의 간부 가운데 3분의 1이 여성인데, 이는 미국내 업계에서는 대단히 놀라운 숫자이다. 우르슐라는 다양성을 다양한 배경을 가진 사람들의 인생 경험이 합쳐지는 것으로 받아들인다. 그래서 그녀는 다양성이 회사의 겉모습은 물론 잠재능력까지 강화시켜 준다고 믿는다.

　오프라 윈프리 역시 자신의 가치를 통해 성공의 비결을 발견한 여성의 모범적인 사례로 단연 돋보이는 사람이다. 현재 폭스 네트워크에서 일하는 데니스 스완슨은 ABC의 시카고 방송국 사장으로 일할 때 오프라를 '발굴해낸 사람'으로 유명하다. 그는 젊은 시절의 오프라에 대해 내게 말하기를, 당시 그녀는 전통적인 TV의 틀에는 맞지 않았다고 했다. 처음에 뉴스 읽는 일을 맡겼더니 제대로 되지 않았다. 어색하고 뻣뻣했으며, 한마디로 영 어울리지가 않았다. 하지만 데니스는 그녀에게서 다른 가능성을 보았다. 그리고 이렇게 주문했다. "오프라, 지금부터 텔레프롬프터를 보지 말아요. 자연스럽게 당신 내면에 들어 있는 것을 그대로 보여주도록 해봐요." 그녀는 그 말대로 했고, 단번에 모두를 압도해 버렸다. 오프라는 자기 자신을 있는 그대로 보여줌으로써 순식간에 성공을 거두었다.

자신의 뿌리를 인정하고 자신에게 충실하는 것은 강력한 기반이 된다. 이 책을 쓰는 동안 내가 만나서 이야기를 나눈 성공한 사람들은 하나같이 이 점을 이야기했다. 나는 그들의 출신 배경을 다 안다. 나도 그들과 마찬가지이기 때문이다. 베이 리지에서 어린시절을 보내면서 나는 내 얼굴이 방송 프로그램 안내에 나올 줄은 꿈에도 생각지 못했다. 우르슐라 번스처럼 나의 삶도 부모님과 선생님들이 계속해서 보내 주신 다음과 같은 메시지가 만들어냈다. 그 메시지는 바로 "출신 배경이 너의 장래를 결정짓지는 않는다"는 것이었다. 그리고 그것 못지않게 중요한 것은 지금의 성공을 어떻게 이루었고, 자신이 어디서 왔는지를 절대로 잊지 않는 것이다.

자신의 개성을 믿어라

골디 혼, 메리 하트, 허브 켈러허

연예계 사람들과 이야기를 하다 보면 가끔 숨어 있는 걱정거리를 들을 수 있다. 여성들이 특히 더 그런데, 자기보다 더 젊은 여성들이 뒤쫓아 오는 것을 보면 자기는 유통기한이 다해 간다는 기분을 늘 갖게 된다는 것이다. 지금 누리는 인기를 더 이상 누릴 수 없게 되는 종착점이 다가온다는 느낌을 갖고 사는 셈이다. 이러한 심리상태는 우리 문화에 만연해 있으며 연예계에만 국한된 것도 아니다. 나는 정말 많은 여성들로부터 영감을 받았는데, 그중에서도 골디 혼과 메리 하트 두 사람을 특히 꼽고 싶다. 두 사람은 엄청난 부담감 속에서도 놀라우리만치 냉정을 유지했다.

골디는 몇 년 전 포천 매거진이 주최한 '비즈니스계의 가장 강한 여성들' 연례 회의 때 만났다. 그녀는 영감으로 가득찬 연설을 하는 사람 가운데 한 명인데, 나는 그녀가 지도하는 요가 교실에도 가입해 봤다. 우리는 금방 죽이 맞아 이메일도 주고받고 틈만 나면 만나고 하면서 친하게 지냈다. 골디는 함께 있으면 상대의 기분을 좋게 만들어 주는 사람으로 63세인 지금도 젊음과 긍정적인 사고방식이 넘쳐난다. 한번은 저녁을 함께 하면서 이렇게 물어보았다. "당신보다 더 젊고 싱싱한 얼굴들이 당신 자리를 넘보는 할리우드에서 성공한 사람의 자리를 계속 유지하는 비결이 무엇인가요?" 그녀는 웃으며 이렇게 대답했다. "내가 했던 영화 대사 한 대목이 생각나는군요. '모두들 내 자리를 차지하려고 해.' 그게 무슨 영화였더라?"

영화를 너무 많이 찍다 보면 어떤 영화였는지 일일이 다 기억할 수가 없다. 그래서 무슨 영화였는지 내가 알려 주었다. "조강지처 클럽 First Wives Club이에요." 내 말에 우리는 같이 웃었다. 그런 다음 골디는 표정을 고치며 이렇게 말했다. "마리아, 그건 아주 간단해요. 내 뒤를 따라오면서 결국에는 '나를 밀어내고' '내 자리를 대신 차지하게 될' 사람들이 많이 있어요. 하지만 그런 건 아무 상관없어요. 나는 그저 지금 내가 하고 있는 일에 관심을 집중할 뿐이에요. 그건 내맘대로 할 수 있는 일이니까요." 그녀는 자신의 처지를 편안한 마음으로 받아들인다. 뒤를 돌아보기 시작하는 순간 앞에 가는 것과 충돌하게 된다는 것을 그녀는 안다. 그녀는 26년간 함께 살아온 남편 커트 러셀을 비롯해 세 자녀인 케이트, 올리버, 와이어트와 함께 아주 단란한 가정을 꾸리고 있다. 또한 아이들의 정서적인 건강과 복지 증진을 목적으로 하는 재단도 설립했다. 내가 아는 골디를 한마디로 표현하자면 이렇다. 그녀는 자신에게 충실함으로써 항상 행복한 삶을 누리는 사람이다. 자기 자신을 좋아하며, 자기 아닌 다른 사람이 되려고 하지 않는다.

58세의 메리 하트는 멋있고, 강하고, 자상하다. 그녀는 지금도 엔터테인먼트 투나잇의 인기 진행자로 활동하고 있다. 최근 메리에게 이런 말을 했다. "이토록 오래 이 일을 하신다는 게 정말 믿겨지지가 않네요. 연예계라는 게 워낙 젊은 사람 중심으로 굴러가는 곳인데 말이에요. 솔직하게 말해 보세요. 얼마나 많은 젊고 예쁜 금발들이 당신 자리를 넘보고 있나요?" 내 말에 웃으면서 그녀는 이렇게 말했다. "항상 더 젊고, 싱싱한 애들을 눈앞에 들이밀어서 우리를 흔들려고 하지요. 나는 그런 데 개의치 않습니다. 그저 내가 하는 일을 할 뿐입니다. 시청자들이 그걸 알고, 그리고 새로 오는 사람들은 내가 아니잖아요. 나라는 사람은 나 한 명뿐이지요!" 정말 정곡을 찌르는 말이었다. '나는 나 한 명뿐이다.' 여러분이 갖고 있지 못한 자질을 갖춘 사람들은 있기 마련이다. 하지만 여러분이 자기 자신에 대해 편안한 마음을 갖고, 자기가 가진 특별한 자질을 소중하게 생각한다면, 다른 어떤 사람도 여러분을 대신할 수 없는 것이다.

잭 웰치가 GE를 이끌던 시절에 사람들이 그를 높이 평가한 이유 가운데 하나는 그가 개인의 창의성을 엄청나게 중시했다는 점이다. 그는 어떤 참신하거나 혁신적인 일을 한 사람이 있으면 개인적으로 쪽지를 보내는 것으로 유명했다. 나는 그의 쪽지를 몇 차례 받아 보았는데 그걸 받으면 정말 자신감이 솟구쳤다. 하지만 그는 그 쪽지가 사원들의 사기를 북돋우기 위한 전술은 아니라고 내게 말했다. "쪽지는 받는 사람들에게 자극을 주는 것과 마찬가지로 쪽지를 쓰는 나 자신도 자극을 받습니다." 그는 자신의 역할을 오케스트라 지휘자에 비유했다. "오케스트라에는 바스도 있고 바이올린도 있지요." 그는 이렇게 말했다. "지휘자가 할 일은 단원 한 명 한 명에게 자유롭게 기량을 발휘하도록 맡겨주면 더 잘할 수 있다는 자신감을 갖도록 도와주는 것입니다."

카리스마가 넘치는 사우스웨스트 에어라인의 공동 창업주인 허브 켈러허는 개성 존중의 문화를 중시한 사람으로 평가를 받는다. 그는 그것을 이렇게 간단한 말로 설명했다. "우리는 사원들에게 이렇게 말합니다. '자기만의 개성을 발휘하라. 즐겨라. 겁먹지 말고 하고 싶은 일을 하라. 우리가 여러분을 채용한 것은 여러분이 여러분 자신이기 때문이다. 우리는 로봇이나 오토마톤처럼 일하는 여러분을 보고자 하는 게 아니다. 우리는 직장에서 여러분이 여러분 자신이기를 바란다.'" 이 말은 이 항공사의 승리 방정식이 되었다.

지난 시간에 연연해하지 마라

콘돌리자 라이스

콘돌리자 라이스와는 그녀가 국무장관을 할 때도 그랬고, 국무장관을 그만둔 다음에도 가끔 만나 같이 시간을 보낸다. 그녀는 아주 인상적인 여성이다. 똑똑하고, 자신감에 넘치고, 국제적인 사고방식을 갖고 있다. 하지만 콘디가 그처럼 성공하게 된 가장 큰 요인은 자신의 출신을 한번도 잊은 적이 없기 때문이다. 그녀는 보잘것없는 집안 출신이다. 부모들이 두 개로 나누어진 세상을 오가며 살아야 했던 앨라배마 주 버밍햄에서 그녀가 보낸 어린 시절 이야기를 들으면 가슴이 찡해진다. 그녀의 부모들은 인종차별이 최악이던 시절을 그곳에서 보냈다. 하지만 그런 외중에서도 그들은 교육을 받았고, 변화의 기류를 앞서서 감지한 사람들이었다. 그들은 딸 콘디를 낡은 세상이 아니라, 아직 도래하지는 않았지만 앞으로 다가올 새로운 세상에서 살도록 키웠다. 한마디로 그들은 믿음을 갖고 딸을 키웠으며 그 믿음은 보상을 가져다 주었다. 콘디는 부모가 자신에게 베풀어 준 사랑과 지지, 그리고 자신을 그런 식으로 키워 준 데 대해 한없이 감사했다. 그 사랑과 지지는 그녀를 단단히 잡아주는 동시에 날아오르도록 해준 힘이 되었다.

그녀가 장관직에서 물러나기 직전에 인터뷰를 가졌는데, 앞으로 자신의 신분 변화에 어떻게 대처할지 궁금해서 물어보았다. 나는 항상 행정부의 고위직에 있다가 평범한 시민으로 돌아가는 사람들을 보면 그 기분이 어떨지 궁금했다. 분명히 힘들 것이라고 생각했다. 외국 지도자들을 만나고, 국가의 미래를 비롯해 여러 사람들에게 엄청난 영향을 미치는 정책 결정을 내리다가, 하루아침에 갑자기 자기가 아닌 다른 사람이 그 일을 대신하는 것을 지켜보는 처지가 되는 것이 아닌가. 그녀는 부시 행정부에서의 일이 끝나는 것에 대해 느끼는 점이 많다는 사실은 인정했다. 하지만 국무장관이 자신의 정체성을 나타내는 유일한 직책은 아니라는 점을 분명히 했다. 항상 그랬던 것처럼 그녀는 자신의 정체성과 열정을 그대로 갖고 있었다.

그녀는 내게 이렇게 말했다. "나의 본분은 교육자입니다. 나는 무엇을 변화시키는 교육의 힘을 믿는 사람입니다. 지금까지 그런 사실을 절감하며 살았습니다. 나는 교육이야말로 보다 나은 삶으로 나아가는 통로라는 사실을 알고 있습니다." 재임 시절의 일을 회고하면서 그녀는 이렇게 말했다. "미국의 가장 위대한 점은 여러분이 정말 보잘것없는 상황에서 출발하더라도 정말 멋진 일들을 할 수 있는 나라라는 점입니다. 하지만 그것도 교육의 혜택이 없이는 불가능합니다."

앞으로 콘디는 교육의 기회를 강화하는 일을 할 계획이다. 하지만 그녀는 그것을 정부에서 하던 것과 전혀 다른 길을 가는 것이라고 생각지 않는다. 사실 그녀는 원래 자기는 정치인이 아니라는 점을 분명히 말했다.

　내가 콘디의 말에서 무엇보다도 감동을 받은 것은 자기가 나아가는 여정의 다음 단계에 대한 열정, 그리고 자신의 정체성에 대한 강한 확신이었다. 그녀는 자신이 놓인 상황이 바뀐다고 그것을 삐걱거리는 불협화음으로 받아들이지 않는다. 지난 일에 연연해하지 않는다. 제대로 교육받은 피아니스트답게 콘돌리자 라이스는 한 동작에서 다음 동작으로 넘어가는 전환에 한치의 오차도 없다. 자기 인생의 매 단계가 심포니 전체를 이루는 일부분이라는 사실을 알고 있는 것이다.

자기에게 맞는 성공의 척도를 만들어라

오프라 윈프리의 몸무게

성공의 의미는 사람마다 다르다. 그렇기 때문에 각자 자신에게 있어서 성공의 의미는 무엇인지 생각해 보아야 한다. 오프라 윈프리가 체중이 자꾸 늘어서 자신에게 얼마나 실망하고 있는지 모른다고 하는 글을 읽었다. 이 말을 듣고 당장 이런 반응을 나타내는 사람들이 있을 것이다. 잠깐, 무슨 소리야. 그녀는 오프라가 아닌가. 세상에 남부러울 게 없는 사람이 무슨 소리야. 그런 사람이 자신의 성공을 재는 척도로 몸무게를 이야기한단 말이야? 맞는 말이다. 오프라의 성공을 재는 척도는 몸무게 말고 다른 게 얼마든지 있다. 하지만 나는 그녀의 기분을 이해할 수 있다. 전 세계 시청자들 앞에서 체중이 몇 킬로그램 느는 게 어떤 기분일지 분명히 알 것 같다.

우리는 모두 스스로를 평가하는 어떤 척도들을 갖고 있으며, 오프라는 체중을 자신의 성공을 재는 척도 중 하나로 생각하는 것이다. 그날 하루 보람있게 보냈는지에 대한 판단은 자기 자신만이 내릴 수 있다.

스스로 자신의 성공 여부를 측정할 때 적용해 볼 수 있는 유용한 방법 한 가지를 소개한다. 자기 운명의 주인은 자기 자신이라고 할 때, 성공에 대한 자신의 개인적인 척도는 무엇인지 스스로 한번 물어보라. 그 물음에 답할 수 있다면 아무리 힘든 일이 닥쳐도 그 기준이 여러분을 지탱해 줄 수 있을 것이다.

성공의 척도를 따질 때는 두 가지 핵심적인 요소를 염두에 두어야 한다. 첫째는 실현 가능한 것이어야 한다. 만약에 키가 160cm 정도인 사람이 '내가 만약 NBA에서 뛰게 된다면 성공한 것으로 생각하겠어'라는 말을 한다면 곤란하다. 다시 강조하지만 자신을 제대로 아는 자각이 중요하다. 두번째 요소는 그 척도는 가능한 한 자기 자신의 것이어야 한다는 점이다.

성공의 척도가 어떤 것인지 정해지면 그것을 적어놓는다. 주말마다 그것을 보면서 주중에 자기가 한 행동, 태도, 성과가 스스로 판단할 때 최선을 다한 것인지 평가해 본다. 다른 사람의 판단은 신경쓰지 말고 자신의 내면으로 눈을 돌린다. 이것을 매주 습관처럼 되풀이하다 보면 조만간 제 2의 천성이 될 것이다.

살다 보면 골대의 위치가 여러 번 바뀌게 될 것이다. 하지만 자신이 누구인지 제대로 자각하는 게 중요하다. 그렇게 하면 진정한 나의 모습은 무엇이고, 내가 진정으로 원하는 것은 무엇인지를 나타내는 중앙 골대는 변하지 않고 유지될 것이다.

2

비전

현실의 마당에 꿈을 심어라

버락 오바마가 보여준 비전

버락 오바마의 취임식에 참석하기 위해 2009년 1월 20일에 나는 워싱턴 D.C.에 가 있었다. 엄청나게 추운 날씨였지만 길거리에 몰려나와 있는 인파들 가운데 있으니 추운 줄도 몰랐다. 모두들 행복하게 미소를 지었고 동지애로 뭉쳐 있었다. 정말 그토록 마음에서 우러나는 낙관적인 분위기는 일찍이 본 적이 없었다. 그날 하루만 따로 떼어놓고 보면 "미국민이라는 게 정말 자랑스러워"라는 말이 나올 만했다. 정치적인 수사가 아니라 자긍심에서 저절로 우러나는 말이었다.

취임식을 지켜보면서 이것이야말로 비전을 가진 리더십이 보여 줄 수 있는 장면이라는 생각이 들었다. 그 멋진 하루가 지나고 곧바로 힘든 현실이 이어졌다. 경제는 곤두박질쳤고 나라는 아직 전쟁 중이었다. 하지만 비전에 의해 이끌려 가는 새로운 행동양식이 온 나라에 자긍심과 결의를 불어넣고 있었다. 비전은 사람을 끌어모은다. 개개인의 정치적 성향에 관계없이 그날은 모든 이들이 동지애로 뭉쳐져 있었다. 그것은 대통령 오바마의 비전이 우리에게 안겨준 희망에 대한 믿음이었다.

성공의 자질로 비전을 꼽는 것은 세계 지도자들에게만 해당되는 게 아니다. 비전은 단순한 수사가 아니며 카리스마보다도 훨씬 더 깊이가 있다. 비전은 여러분을 창조적이고, 열정적이고, 영감에 넘치고, 생산적인 사람으로 만들어 주는 자질이다. 비전은 여러분으로 하여금 한쪽 눈을 미래에 두고, 다른 한 눈으로는 현실의 일들을 지켜보게 한다.

2008년 민주당 경선과정에서 버락 오바마에 대해 유치원에 다닐

때부터 대통령 출마 계획을 세우기 시작했을 거라며 조롱하는 사람들이 있었다. 유치원생이 그처럼 장기적인 일을 계획할 수는 없겠지만, 오바마가 어린시절부터 자신의 인생에 대해 비전을 가졌던 건 분명한 것 같다. 어려운 가정환경에 굴하지 않고 그는 앞을 내다보며 자신이 가고 싶은 곳을 향해 계획을 세워서 나아갔다. 우리도 모두 그렇게 할 수 있다.

호기심을 키워라

빌 게이츠

빌 게이츠와 멜린다 게이츠 부부가 사는 저택은 시애틀의 레이크 워싱턴 호수가 내려다보이는 곳에 있는데, 입이 딱 벌어지는 시설들이 수두룩하게 갖춰져 있다. 하지만 그 중에서도 지적으로나 정서적으로 가장 핵심이 되는 곳은 바로 도서관이다. 일일이 깎아 만든 목재 서가와 돔 천장이 눈길을 끄는 엄청나게 큰 방으로 들어서면 그야말로 역사 속으로 걸어 들어가는 기분이 든다. 컴퓨터는 단 한 대도 눈에 띄지 않는다. 대신 역사 속 위인들과 관련된 자료들이 진열되어 있다. 링컨의 노예해방선언문 사본을 비롯해 레오나르도 다 빈치가 그린 그림들, 벤저민 프랭클린이 쓴 편지 같은 자료의 사본들이다. 벤저민 프랭클린이 쓴 편지 가운데 '일찍 자고 일찍 일어나면 건강하고, 부유하고, 현명해진다'는 문구가 들어 있는 것도 이곳에 있다.

이곳에 오면 주위의 물리적인 환경도 대단하지만 무엇보다도 돋보이는 것은 바로 그 집 주인이다. 빌과는 여러 번 인터뷰를 했지만, 그때마다 이 사람은 내가 그동안 살아오면서 만난 대부분의 사람들과는 차원이 다르다는 생각을 하게 된다. 왜 그런 생각이 들었느냐 하면, 우선 그는 제기되는 모든 주제에 대해 엄청난 관심을 갖고 있다는 점을 들 수 있다. 이러한 자질은 저녁을 함께하기 위해 그의 집에 모인 사람들 앞에서 한껏 빛을 발했다. 비즈니스와 업계의 지도급 인사들로 가득찬 방에서 빌의 목소리는 모두를 압도했다. 한순간 법인세 이야기를 하다가, 또 한순간에는 대체 에너지 이야기를 하고, 그런가 하면 또 기술의 미래, 아프리카의 말라리아 위기 상황에 대한 이야기를 한다.

그는 세상을 변화시키는 일을 하는 사람이다. 그리고 엄청난 호기심과 어떻게 하면 더 나은 세상을 만들 것인가에 대해 쉼없이 묻는 자세 때문에 그 일을 성공시키고 있는 것이다. 그는 지적인 도전을 사랑하는 사상가이다. 그 도전의 대상은 새로운 소프트웨어 프로그램을 디자인하는 것이기도 하고, 말라리아 치료약을 안전하게 운송하는 데 필요한 냉장 시스템을 만드는 일, 혹은 친구인 워런 버핏과의 브리지 게임에서 이기는 것일 수도 있다. 그의 주위에는 그처럼 호기심이 많은 사람들이 둘러싸고 있다. 그리고 마이크로소프트와 빌 앤드 멜린다 게이츠 재단에서 일하려는 사람은 그와 비슷한 수준의 열정과 열성을 갖추어야만 한다.

모든 사람이 이러한 높은 수준의 호기심을 타고나지는 않지만, 호기심은 키울 수 있다. 그 첫걸음은 우선 여러분이 머물러 온 안락한 지역을 벗어나는 것이다. 그렇게 해서 여러분이 그동안 해온 것과 다른 경험을 가진 사람들과 어울리고, 독서 범위를 자신의 전공 분야 바깥으로 넓히고, 그리고 자기와 다른 생각을 가진 사람들과 대화하는 것이다. 그동안 가능한 일이고, 옳다고 생각해 온 전제에 대해서도 다시 생각해 볼 수 있어야 한다. 하여간 끊임없이 무엇인가를 만지작거리며 움직여야 한다.

지금과 다른 세상에 대한 비전을 가지라

빌 앤드 멜린다 게이츠 재단

빌 게이츠의 아버지는 2009년에 책을 한 권 썼다. '쇼잉 업 포 라이프' Showing Up for Life: Thoughts on the Gifts of a Lifetime라는 제목의 이 책은 영감을 주는 깊이 있는 생각들로 가득하다. 그는 아들에게 책의 머리말을 써달라고 부탁했는데 아들은 다음과 같이 딱 두 문장을 썼다.

아버지, 다음에는 누가 아버지께 당신이 진짜 빌 게이츠냐고 물으면 "그렇다"고 하세요. 아버지야말로 아들 게이츠가 그토록 닮고 싶어 한 모든 것을 갖춘 바로 그 사람이라고 말씀하세요.

정말 감동적인 머리말이다. 빌 게이츠의 아버지는 그럴 만한 자격이 있는 사람이다. 그는 공개적으로 사람들의 주목을 끌지 않았고, 본인이 그걸 원했다. 하지만 2009년 5월에 그와 인터뷰하면서 나는 세상 물정에 밝은 이 83세의 노인이 바로 게이츠 재단을 초창기부터 소리 없이 움직여 온 막후 엔진이라는 사실을 알게 되었다. 그와 이야기를 해보니 분명히 알 수 있었다. 그는 아들이 어렸을 적에 박애주의 정신의 씨를 어떻게 심어 주었는지, 자신의 부모와 조부모가 항상 세상 속에서 자신이 맡은 역할이 무엇인지를 이해하고 받아들이려고 어떻게 애쓰셨는지, 그러한 정신을 어린 아들에게 물려주기 위해 그가 어떤 노력을 했는지에 대해 이야기해 주었다.

빌 시니어는 1925년에 태어난 대공황의 어린이다. "나는 브레머튼(시애틀에서 퓨짓 사운드만 건너편에 있는 마을)에서 태어나 다른 아이들과 마찬가지로 끔찍하게 힘든 시절을 보냈지요." 그는 내게 이렇게 말했다. "엄청나게 많은 사람들이 일자리를 잃었고, 도시 외곽에는 집 없는 빈민들이 모여들어 세운 판자촌이 곳곳에 생겨났어요. 멀쩡한 사람은 아무도 없는 것 같았어요. 그런 분위기에서는 누구라도 부자와 가난한 사람을 가르는 유일한 잣대는 우연이나 운일 뿐이라는 생각을 하지 않을 수가 없었지요. 나도 가난한 사람이 될 수 있다는 것을 알게 된 것입니다."

아이 치고는 꽤 깊은 생각을 했던 셈이다. 이런 생각과 어린시절에 받은 교육이 이 사람에게 평등주의 철학의 토대를 만들어 주었고, 그러한 철학은 자녀들에게로 이어졌다.

빌 시니어는 평생 법률가로 살았고 자수성가한 사람이다. 그리고 자신의 전문 분야 활동을 통해서 자선활동을 했다. 빌 시니어와 부인 메리 여사(1994년에 사망)는 세 명의 자녀인 크리스티, 빌, 리비에게 커뮤니티를 생각하는 마음을 갖도록 키웠다. "메리와 나 두 사람 모두 커뮤니티를 배려하는 가정 분위기에서 자랐습니다." 그는 이렇게 말했다. "우리는 부모님이 커뮤니티에 기부하시는 것을 보면서 자랐기 때문에 기부에 익숙해졌고, 우리 아이들에게도 그대로 물려줄 습성으로 생각했습니다. 크리스티, 빌, 리비는 모두 그게 바로 세상 돌아가는 이치라고 배우며 자랐습니다. 좋은 일은 모두 함께 나누어야 한다는 것이지요.”

그러한 가르침에서 윌리엄 H. 게이츠 재단(나중에 빌 앤드 멜린다 게이츠 재단으로 이름을 바꿈)이 탄생된 것이었다. 빌 시니어는 다음과 같은 이야기를 들려 주었다. “1994년 가을이었어요. 그때 나는 변호사 일을 차츰 줄여가던 때였습니다. 극장에 들어가기 위해 줄을 서서 기다리는 중이었는데, 빌이 마이크로소프트로 들어오는 자선기부 요청이 너무 많아 다 처리하기가 벅차다는 말을 했어요. 그 말을 듣고 내가 이렇게 제안했어요. ‘받은 편지와 요청서를 내게 보내렴. 그러면 내가 한 달에 한 번 정도 네게 가서 이야기를 해주마. 그렇게 처리하면 되지 않겠니?’ 처음에는 그런 식으로 하려고 했던 것입니다. 그런데 일주일도 채 안 돼 아들이 전화를 걸어와서는 ‘아버지, 아버지 말씀을 듣고 나서 어제 저녁에 멜린다와 애기를 했는데 재단을 만들기로 했어요’ 라고 하는 것이었어요.” 빌의 제일 큰 걱정은 자기가 그 일을 맡을 시간이 없다는 것이었고, 그래서 아버지가 아들 일을 돕기로 나섰다. 마이크로소프트는 첫 기부금으로 1억 달러를 내놓았다.

나는 세계가 앓고 있는 가장 큰 문제 몇 가지를 조용히 떠안은 이 가족에 대해 궁금한 게 많았다. 물론 그럴 만한 돈이 있는 건 사실이지만 일이 굴러가게 하는 것은 돈만 있다고 되는 게 아니다. 어떻게 그런 비전을 착상하게 되었을까? 어떻게 해서 자기들이 가진 에너지와 돈을 그런 곳에 쓰겠다는 생각을 하게 되었을까?

빌 시니어는 내게 이렇게 말했다. “처음에는 구체적으로 정해둔 목표가 없었어요. 우리는 그저 마을에 사는 몇몇 사람들처럼 자선 활동을 하는 착한 시민이 되자는 생각만 했던 것입니다. 우리가 사는 곳에서 하는 일 정도만 생각한 거지요. 이런 생각을 완전히 바꾸도록 만든 몇 가지 사건이 있었습니다. 가장 큰 계기는 빌과 멜린다가 뉴욕타임스에 난 기사를 읽은 것입니다. 빈국과 선진국들 사이에 존재하는 엄청난 보건의료 불균형에 관한 기사였습니다. 미국이나 다른 서방 국가에서는 문제조차 되지 않는 문제로 빈국에서는 수백만 명이 목숨을 잃는 현실을 파헤친 기사였지요. 그 기사를 보고 빌 부부는 정말 큰 충격을 받았습니다. 두 사람은 내게 '아버지, 이 문제에 대해 우리가 뭔가 할 수 있을 것 같습니다' 라고 했어요. 그 말에 나도 '물론이지' 라고 대답했어요. 그게 하나의 전환점이 된 것입니다."

바로 이러한 인식에서 '모든 생명은 평등하게 창조되었다' 는 빌 앤드 멜린다 게이츠 재단의 핵심 철학이 탄생되었다. 두 사람은 이러한 신념을 체득하고 난 다음 재단의 비전에 초점을 맞추었다. 그들은 지금과는 다른 세상을 마음속에 그렸고, 그러한 목표를 실현시키기 위한 방안에 착수했다. 그리하여 매년 15억 달러의 기부금을 내놓기로 했다.

빌과 멜린다 부부는 모든 사람은 평등하다는 생각을 마음에 새겼다. 이러한 신념은 빌이 2009년 2월에 열린 기술연예디자인 콘퍼런스에서 행한 연설에 아주 생생하게 나타나 있다. 그는 실내를 가득 메운 기술계, 정계, 연예계의 스타들 앞에서 자기 재단이 아프리카에서 말라리아로 인한 재앙을 끝내기 위해 기울이고 있는 노력을 열정적으로 소개했다. 청중들은 조용히 듣고 있었다. 그런 연설은 전에도 많이 들어 보았을 것이다. 빌은 보다 구체적인 실증이 필요하다고 생각했다. "말라리아는 모기가 퍼뜨립니다." 그는 모기가 들어 있는 병을 들어 보이며 이렇게 말했다. "그래서 여기 몇 마리 가져왔습니다. 지금 이

놈들을 풀어서 돌아다니게 해보겠습니다. 가난한 사람들만 감염이 되란 법은 없으니까요." 이렇게 말하며 그는 병뚜껑을 열어 모기들을 실내에 풀어놓았다. 청중들은 놀라서 입을 다물지 못했다. 빌은 그 모기들은 말라리아균을 옮기는 모기가 아니라고 서둘러 진화했지만, 그 자리에 모인 부유한 청중들에게 '신의 은총이 없는 곳에 버려진' 기분이 어떤 것인지 맛보게 해주려고 했던 것이다. 그들의 상상력을 자극해 모기떼가 진짜 위험 요인이 되는 곳에 사는 사람들의 처지를 잠시나마 느껴보라고 한 것이다. 그렇게 하면서 한편으로는 그곳에 모인 사람들에게 지금과 다른 세상에 대한 비전을 보여주려고 했다.

영감을 주는 사람이 되라

미셸 오바마

나는 2009년 3월 런던에서 열린 G-20 정상회의를 취재하러 가서 주목할 만한 일들을 많이 목격했다. 하지만 나를 정말로 사로잡은 일은 회의장 바깥에서 일어났다. 퍼스트 레이디 미셸 오바마가 런던 북부에 있는 개릿 앤더슨 랭귀지 스쿨을 방문해 200여명에 달하는 빈민가 여학생들 앞에 모습을 드러냈을 때였다. 미셸 여사는 진심에서 우러나는 표정으로 이렇게 말했다. "여러분은 모두 보석입니다. 여러분을 보니 내 마음이 정말 흐뭇하군요. 여러분과 같은 멋진 소녀들이 있다는 사실을 온 세상에 반드시 알려야겠어요." 그 소녀들이 앞으로 살아가면서 얼마나 많은 장애물들을 이겨나가야 하는지를 아는 미셸 여사는 자신의 뿌리에 대해 이야기해 주었다. "나는 자라면서 나중에 내가 이 자리에 서게 될 것이라고 예상할 수 있게 해주는 일은 단 한 가지도 겪어 보지 못했어요." 그러면서 소녀들을 향해 이렇게 말했다. "나는 여자애들이 태어난 첫날부터 주위에 있는 사람들로부터 사랑받고 보살핌을 받을 때 어떤 일이 가능한지를 보여주는 하나의 예입니다. 우리는 여기 있는 여러분 모두가 빠짐없이 최고의 사람이 되기를 바랍니다. 여러분이 그렇게 될 수 있다는 것을 우리 모두 믿습니다. 우리는 여러분 모두를 사랑합니다." 그러고 나서 그녀는 그곳에 모인 소녀들에게 다가가서 최대한 많은 소녀들과 포옹을 나누었다.

미셸 오바마 여사를 지켜보면서 나는 다시 한번 말의 힘이 얼마나 위대한지 실감했다. 출신 배경에 관계없이, 젊은이들이 얼마나 격려를 필요로 하고, 가능성이 있다는 말을 얼마나 듣고 싶어 하는지 다시 한번 실감했다. 그곳에 모인 소녀들 가운데 많은 수가 미국의 퍼스트 레이디가 한 말을 결코 잊지 않을 것이라고 나는 확신한다. 그리고 지금부터 십년이나 이십년 뒤, 그들이 자라서 그날을 자기들이 무엇인가를 이룰 수 있다는 것을 깨우치게 해준 순간으로 기억하는 말을 듣게 될 것이다.

영감을 주는 말은 개인은 물론 문화 전체에 일종의 변형효과transfo-rmational effect를 가져온다. 한 친구가 내게 이런 말을 한 적이 있다. "마틴 루터 킹 목사는 '내게 비즈니스 플랜이 있다' 는 말을 한 적은 없어. 대신 '내게는 꿈이 있다' 라고 했지." 킹 목사의 꿈은 평등에 대한 비전이었다. 킹 목사가 분명히 말했듯이 어디로 나아가고 싶은지 방향이 분명해지면, 다른 사람들도 그곳으로 안내할 수가 있다. 우리 모두가 자라나는 세대들에게 미칠 수 있는 영향에 대해 한번 생각해 보자. 매일매일 우리는 젊은이들에게 다가가 그들의 삶을 바꾸어놓을 수 있는 기회가 있다. 지극히 평범한 순간에도 우리는 가능성의 손길을 내밀 수 있다. 그건 우리 능력으로 할 수 있는 일이다. 돌이켜 생각해 보면, 우리 모두 누군가가 자신의 삶을 바꾸어 놓은 순간이 있다는 것을 알 수 있을 것이다.

내가 터득한 한 가지 비결을 소개해 보겠다. 반드시 성공을 해야 다른 사람에게 영감을 주는 인물이 되는 것은 아니다. 당신이 지금 서 있는 위치가 어디든 상관없이, 당신을 우러러보는 사람은 있을 수 있다. 만약에 여러분이 젊은 사업가라면 모교로 찾아가서 후배 학생들에게 이야기하라. 만약에 대학생이라면 다녔던 고등학교로 가면 된다. 기업인이라면 여러분이 사는 커뮤니티를 둘러보라. 다른 사람들이 기억하는 사람이 되도록 하라. 그리고 그들 스스로 비전을 갖도록 도와주라.

단타도 홈런 못지않게 소중하다

데이비드 M. 워커, 란자이 굴라티

미국은 원대한 꿈들로 이루어진 나라다. 클수록 더 좋다는 생각은 한동안 미국을 이끄는 하나의 지도 원칙이었다. 그것은 우리 의식 속에 너무도 깊이 자리잡고 있어서, 성급하게 이루어진 성장은 지속될 수 없다는 경고 사인을 본 사람이 거의 없었다. 하지만 데이비드 M. 워커는 그 경고를 보았다. 금융시장 붕괴가 일어나기 전인 2007년 중반에 당시 미국 행정부 회계감사원장 comptroller general으로 있던 그는 정부의 방만한 재정지출이 초래할 위험성에 대해 경고하기 시작했다. 그는 미국이 처한 현실이 멸망 직전의 로마제국과 똑같다고 정말 흥미로운 비유를 했다. 계속되는 대외 침략과 방만한 재정운용으로 고대세계에서 가장 위대한 제국의 탄탄한 기반이 무너져 내린 것과 흡사하다는 것이었다. 그는 "현실화되고 있는 베이비부머 세대들의 퇴장, 치솟는 건강보험 비용, 곤두박질치는 저축률, 대외 부채 의존 비중의 상승 등으로 미국에는 지금 전대미문의 금융위기가 다가오고 있다"고 경고했다. 지당하면서도 신랄한 그의 경고에 많은 사람들이 불편한 심기를 드러내 보였다. 하지만 2008년 금융위기를 통해 그의 예측은 현실로 나타났다.

하버드 비즈니스 스쿨의 란자이 굴라티 경영학 교수는 우리가 어떤 비전을 실행에 옮길 때 큰 변화에만 집착하는 경향이 있다는 점을 지적했다. 정말 뛰어난 통찰력이다. 그는 이렇게 말했다. "변화가 일어나도록 하는 것도 중요하지만, 크고작은 변화 사이에 균형을 취하고, 그 변화들이 함께 일어나도록 하는 것도 우리 삶에 있어서 중요한 일입니다. 란자이 교수는 스포츠에서 쓰는 '단타 이론'을 가지고 자신의 입장을 설명한다. "인생에서 우리는 어쩌다 한두 번 장외 홈런을 날릴 수가 있습니다." 그는 이렇게 말했다. "하지만 그런 경우를 제외하고는 살아남는 게 중요합니다. 일이 굴러가도록 해야 하는 것이지요. 따라서 '장외 홈런을 날릴 거야'라고 말하는 것과 '단타나 2루타를 치겠어'라고 말하는 것 사이에 균형을 취하는 게 중요합니다." 중요한 것은 득점하는 것이고, 단타와 2루타를 많이 치면 점수가 쌓이는 것이다.

살다 보면 홈런도 필요하고 단타도 필요하다. 많은 사람들이 성공을 하나의 최종 목적지라고 생각한다. 그런 사람들은 '반드시 성공하고 말 거야'라는 말을 한다. 하지만 진정한 성공은 매일매일 일어나는 삶의 한 방식이다. 인생이라는 긴 여정에 계속 머물러 있기 위해서는 도중에 여러 개의 작은 성공들이 필요하다. 그래야 삶을 계속할 동기부여가 이루어지는 것이다. 작은 성공들을 인정하고, 홈런 못지않게 소중하다고 생각하는 법을 배운다면 여러분은 항상 성공한 사람이 될 것이다.

혁신을 두려워하지 말라

로저 생크, 아마르 바이드, 빌 게이츠

나는 2007년에 CNBC에서 '혁신 비즈니스'란 제목으로 특집 시리즈를 진행했다. 시리즈는 업계 최고의 인재들이 활발한 토론을 통해 자기 회사의 성공 비결에 대해 생각해 보는 소중한 기회가 되었다. 우리는 다음과 같은 질문을 제시했는데, 보물처럼 소중한 통찰력이 담긴 정말 뜻깊은 이야기들이 나왔다. 왜 어떤 기업은 스스로를 변화시키며 진화하는데, 어떤 기업은 시대가 변하면 우왕좌왕하다가 사라져 버리는가? 시리즈를 진행하면서 나는 이 질문이 기업들뿐만 아니라, 우리들 개개인에게도 근본적인 고민을 해보게 만드는 질문이라는 점을 깨닫게 되었다. 여러분 주위를 한번 돌아보라. 잿더미에서 살아 돌아오는 사람들과 잿더미에 묻혀 사라지는 사람들의 태도에 어떤 차이점이 있는가?

참여자 가운데 한 명인 로저 생크는 오랫동안 기업교육 분야의 최고 전문가로 꼽혀온 사람이다. 그는 노스웨스트대에 유명한 학습과학 연구소를 설립했고, 지금은 기업체와 학교들을 대상으로 수준 높은 이러닝을 제공하는 회사인 소크래틱 아츠Socratic Arts를 운영하고 있다. 로저는 개인이건 기업이건 자신이 하고 있는 일과 목표의 진정한 의미가 무엇인지를 아는 게 무엇보다 중요하다고 강조했다. 그는 전통도 딱딱하게 굳어 버리면 나쁜 것이라고 생각한다. 만약에 "우리는 이런 회사야." 혹은 "나는 이런 사람이야"라는 말을 한다면 그건 스스로에게 제약을 가하는 게 될 수 있다. 그는 진정한 혁신을 실행하기 위해서는 부차적인 내용들이 아니라, 자신의 핵심적인 임무가 무엇인지 분명하게 파악하고 있어야 한다고 말한다. 특히 미디어 업계에서는 이런 점이 한층 분명해졌다. 만약 십년 전에 NBC 사장에게 "그곳이 무슨 일을 하는 곳입니까?"라고 물었다면 그는 "텔레비전 방송국입니다"라고 대답했을 것이다. 하지만 지금 그렇게 대답한다면 그건 완전히 틀린 답이다. NBC는 이제 콘텐츠 회사가 되었다. 그리고 콘텐츠는 뉴스, 연예, 스포츠, 비즈니스 등 어떤 형태로 만들어지건 여러 가지 다양한 방식을 통해 제공될 수 있게 되었다.

컬럼비아 비즈니스 스쿨의 아마르 바이드 교수는 위기가 혁신을 자극할 수 있다고 생각하는 사람이다. 그는 내게 이런 말을 했다. "위기가 새로운 기술 개발의 촉매제가 되는 경우가 많습니다. 아는 사람이 많지 않겠지만, 20세기에 가장 높은 생산성 증가를 이룬 시기는 1930년대였습니다. 사람들이 생산성을 향상시키기 위해 국면전환을 모색했고, 그래서 많은 신기술이 개발되었기 때문입니다. 예를 하나 더 들자면 컴퓨터 혁명이 일어난 것도 우리가 경기침체를 겪고 있던 1980년대 초였습니다. 크레디트 마켓은 당시 죽어 있었고, 혁신을 하는 데 크레디트 마켓은 꼭 필요한 게 아니라는 게 입증되었습니다. 마이크로소프트는 크레디트 없이 출발했습니다. 결국 경제를 성장시키는 것은 혁신입니다. 다시 말해 새로운 상품과 서비스를 만들어내는 혁신가들, 그리고 그것을 사용하는 소비자들의 모험정신입니다.”

'모험정신'이라는 말을 들으니 빌 게이츠의 아버지가 내게 들려 준 이야기가 생각났다. 1968년에 자기 아들이 컴퓨터를 처음 접했을 때의 이야기였다. “아내와 나는 그 아이를 레이크우드 스쿨에 보내기로 했어요. 왜냐하면 보통 애들과 조금은 다르다고 생각했고, 그래서 공립학교에 보내면 잘할지 확신이 서지 않았기 때문입니다.” 그는 계속해서 이렇게 말했다. “그때 우리가 그런 결정을 내리지 않았더라면 빌 게이츠의 세계는 크게 달라졌을 것입니다. 레이크우드 스쿨에는 지하실에 컴퓨터가 한 대 있었기 때문이지요. 마치 구식 텔레타이프 기계같이 생긴 커다란 박스 모양이었어요. 빌과 서너 명의 사내아이들은(그 가운데 폴 앨런도 있었다) 그 컴퓨터에 완전히 빠져서 지냈지요. 하루에 몇 시간씩 매달려 소프트웨어에 관해 자기들 힘으로 배울 수 있는 건 모조리 다 배웠어요. 중독이 된 거지요.”

그 이야기를 들으며 나는 빌 게이츠가 컴퓨터를 접하게 된 것은 한

편으로는 운이었다는 생각이 들었다. 하지만 그가 그 컴퓨터를 가지고 한 행위는 모험정신이었다. 그는 먼지를 뒤집어쓴 헌 기계를 가지고 시작해, 그것을 기술 시대에 상업적으로 가장 성공한 사업으로 바꾼 것이다.

여러분은 어떻게 혁신을 실천하고 있는지 스스로에게 한번 물어 보라. 여러분의 인생에서 '모험정신' 은 어디에 있는가? 여러분은 자신의 개인적인 성장과 경제의 성장에 어떻게 기여하고 있는가? 여러분이 매일매일 하고 있는 일이 제대로 작동하지 않는 모델을 개선하는 데 어떤 영향을 미치고 있는가? 최근의 금융위기가 그동안 도저히 불가능하다고 생각했던 일에 도전해 보도록 여러분에게 어떤 자극을 주었는가?

구글의 자유로운 창의성을 배우라

창의력의 낙원 구글플렉스

지난 2009년 6월에 캘리포니아주 마운틴뷰에 있는 '구글플렉스' 를 방문했다. 마운틴뷰는 새너제이의 베드타운이다. 내가 그곳을 찾아간 목적은 구글이 어떻게 해서 그렇게 큰 성공을 거둘 수 있었느냐에 대한 답을 얻기 위해서였다.

리포트를 하면서 나는 CEO인 에릭 슈미트를 포함해 많은 핵심 인사들과 인터뷰를 가졌다. 그리고 단지를 돌아다니며 여러 부서에서 일하는 직원들과도 이야기를 나누었다. 구글의 아름다운 업무단지는 공원처럼 꾸며놓은 야외 쉼터와 체육관, 배구장을 비롯해 곳곳에 마사지 시설이 갖춰져 있고, 모든 카페테리아에서는 공짜로 먹을 것을 제공한다. 단지 한가운데는 거대한 공룡 조각상을 세워 놓았는데, 혁신하지 못하는 자는 멸망한다는 무서운 메시지를 담고 있다.

　구글은 직원들의 사기를 북돋워 즐겁게 일할 수 있도록 해주는 데 많은 돈을 쓴다. 지금처럼 기술이 발달된 세상에서는 작업 시간만 다르게 하면 하루 24시간, 일주일에 7일 연중 내내 일이 돌아가도록 할 수 있다. 직원들은 몇 시간 일한 다음 마사지를 받고, 배구를 하면서 시간을 보내다가 다시 일하러 갈 수 있다. 그리고 자전거 1000대를 구입해서 단지 곳곳에 배치해 놓아 직원들이 이 건물에서 저 건물로 이동할 때 이용할 수 있도록 해놓았다.

　구글플렉스에 있는 모든 시설은 직원들의 인적 네트워킹을 도와주도록 고안되어 있다. 똑똑한 사람들이 자유롭게 생각을 주고받으면 창의력이 생겨난다는 철학 때문이다. 많은 회사에서 흔하게 볼 수 있는 밀실공포 같은 분위기는 있을 수가 없다. 폐쇄적인 분위기는 성장을 저해하고 업무 효과를 떨어뜨린다. 구글은 햇볕이 마음껏 쏟아져 들어오게 한다. 예를 들어 이 회사에는 '20퍼센트 타임'이라는 개념이 있다. 직원들 각자 근무시간의 5분의 1은 자기가 가장 중요하다고 생각하는 일을 하도록 맡겨 둔다는 것이다. 구글과 관계 있는 일이건 아니건 상관없다. 일부 비판자들은 이를 정신 나간 정책이라고 비웃는다. 왜 회사 생산량의 20%를 버리느냐는 것이다. 하지만 직원들이 마음껏 이것저것 해보고, 그런 과정을 즐기도록 해줌으로써 실제로는 생산성이 더 는다는 사실을 구글은 알고 있었다. 그런 방침을 통해 직원들은 회사가 자기들의 생각을 신뢰하고 존중한다는 생각을 갖게 되었다. 한 가지 분명한 사실은 성공하는 기업들에 있어서 최고의 자산, 가장 중요한 자산은 바로 사람이라는 것이다. 구글은 직원들 개개인이 사랑받고, 존중받는다는 느낌을 갖도록 만들어 준다. 이는 성공한 기업들 사이에 흐르는 하나의 일관된 특징이다. 잭 웰치가 내게 여러 차례 이야기해 준 바 있는 다음의 신념을 구글도 그대로 실천하고 있었던 것이다. '탁월한 업적을 내면 보상해 주고, 직원들의 기분을 좋게 해주라. 그러면 그들은 더 열심히, 그리고 더 오래 일한다.'

에릭 슈미트 회장은 구글의 문화를 이렇게 설명했다. "래리와 세르게이는 회사를 세우면서 가족 같은 회사를 만들겠다는 생각을 갖고 있었습니다. 가족이라는 게 무엇입니까? 같이 먹고 같이 즐거워하는 게 가족이지요. 그 두 사람 나이 또래면 기숙사 같은 분위기를 만드는 것입니다. 나는 구글을 대학원 생활의 연장이라고 생각합니다. 비슷한 종류의 사람들이 한데 모여서 비슷하게 미친 짓을 하며 지내는데, 하나같이 대단히 똑똑하고, 동기가 엄청나게 강하고, 변화에 대한 센스, 낙관적인 센스를 갖고 있지요. 구글에서 일한다는 것은 풍족한 환경에서 산다는 말입니다. 음식과 각종 편의시설, 라바 램프들을 보셨지요? 직원들도 이런 문화 속에서 지내면 무엇인가 이룰 수 있겠다는 자신감이 생길 것입니다. 그리고 이곳에서 일을 하면 무엇인가 자신이 원하는 바를 이룰 수 있겠다는 생각이 들면, 그 회사에 남게 되지요."

방문 취재를 마치며 나는 구글이 첨단 기술사회에서의 새로운 비즈니스 모델을 만들었다는 결론을 내렸다. 그것은 공개와 창의력에 바탕을 둔 모델이었다. 이곳을 세운 설립자들의 비전은 분명히 다른 기업들도 따라 할 것이라는 생각이 들었다. 그 비전은 앞으로 나아가는 것을 두려워하지 말고, 열린 자세로 아이디어를 받아들이고, 큰 기회를 잡으라는 것이었다. 오늘날 구글의 근무환경은 많은 이들로부터 부러움의 대상이다. 하지만 내일이면 그것은 당연한 일처럼 받아들여질 것이다.

3

이니셔티브

계속 문제를 일으켜라

뉴욕증권거래소에서 첫 TV 생방송 시작

나는 1994년에 뉴욕증권거래소 플로어에서 텔레비전 생방송을 한 최초의 기자가 되었다. 그것은 나 자신뿐 아니라 플로어에 있는 남자들에게도 엄청나게 큰 사건이었다. 나는 그들만이 누리던 성스러운 전용 피난처 같은 곳을 세상에 드러내 보였을 뿐만 아니라, 직접 대단히 배타적인 남자들의 클럽 속으로 뛰어들어간 것이다. 그곳의 모든 이들이 나를 적극 반긴 것은 아니다. 증권거래소의 CEO인 딕 그라소 회장은 새로운 실험을 적극 지지했지만, 모두들 레드 카펫을 깔고 나를 환영하지는 않았다. 여자 화장실은 지하층에 있었다.

무슨 일이든 처음 하는 사람을 보면, 과연 제대로 할까 하고 의문을 제기하고, 실패하기를 바라는 사람들이 있게 마련이다. 그게 사람 사는 세상이라는 것 정도는 나도 안다. 하지만 남성 위주로 되어 있는 전문 직업에 뛰어든 다른 대부분의 여성들처럼 나는 열심히 일하고, 친절하고, 악착같이 하면 존중받을 수 있다는 것도 알고 있었다. 나는 남자들이 내 주위에 몰려들도록 만들 자신이 얼마든지 있었다.

그 일을 시작한 지 몇 주 뒤에 나는 CNBC의 모회사인 GE의 전문 마켓 메이커로 일하는 조지를 만났다. 조지는 멋진 사람이었다. 그는 시간을 내어서 내게 트레이딩 일이 어떻게 돌아가는지 설명해 주며 좋은 선생님 역할을 해주었다. 나는 조지가 고마웠고 보답을 해주고 싶었다. 마침 GE의 CEO인 잭 웰치 회장이 플로어를 방문한다는 소식을 듣고 기회가 왔다고 생각했다. 나는 웰치 회장을 조지한테 데리고 가서 인사를 시켜 주었고, 회장은 그가 일하는 모습을 보고 감탄했다. 특히 내가 직접 회장을 모시고 GE의 포스트를 포함해 거래소 플로어를 안내해 주게 되어서 기분이 짜릿했다.

웰치 회장이 거래소를 방문하기 며칠 전에 나는 조지가 일하는 포스트로 찾아가 회장이 찾아올 것이라는 소식을 귀띔해 주었다. 그의 자리로 다가갈 때 주위에 스무 명쯤 되는 남자들이 함께 있었다. 조용하기에 나는 크게 바쁘지 않은가 보다 생각하고 다가가서 조용히 불렀다. "조지…"

작은 패드에 메모를 하고 있던 나이 든 트레이더들 가운데 한 명이 내 목소리에 머리를 번쩍 쳐들었다. 그의 얼굴은 분노로 가득차 있었다. "꺼져!" 그는 소리를 꽥 질렀다. "여기는 오면 안 돼. 누가 당신더러 여기 오랬어. 다시는 여기 얼씬거리지 말아. 당장 꺼져!" 어찌나 크게 소리를 지르던지 근처에 있던 트레이더들이 모두 이쪽을 쳐다보았다. 스물다섯 명 정도 되는 트레이더들이 이어폰을 낀 채 쳐다보았다. 너무 창피했다.

'꺼지라고?' 너무 기가 찼다. 기자로 일하면서 그런 모욕스러운 말은 들어 본 적이 없었다. 한동안 나는 꼼짝도 할 수가 없었다. 얼굴이 불에 덴 것처럼 화끈거렸다. 남자들이 떼거리로 모여서 나를 쳐다보며 내가 어떻게 나올지 기다리고 있었다. 한바탕 싸움이 일어날 것이라고 생각하는 듯했다. 속이 뒤집힐 것 같았지만 나는 끝까지 참고서 떨리는 목소리로 한마디 했다. "내게 그딴 식으로 이야기하지 마세요." 그러고는 발길을 돌려 나와 버렸다. 조지가 따라나와서 사과했고, 몇 명은 내가 옆을 지나갈 때 위로하는 말을 웅얼거렸다. 끝까지 이름을 밝히지는 않겠지만, 내게 도발한 그 남자는 그대로 둘 수가 없었다.

나는 딕 그라소 회장에게 전화를 걸어 "이번 일은 도저히 그냥 넘어갈 수가 없어요"라고 말했다.

딕 회장은 한숨을 푹 내쉬었다. "마리아, 당신이 이곳에 나오는 걸 좋아하지 않는 사람들이 있다는 사실을 이해해 줘야 해요." 그러고는 이렇게 말했다. "우리가 시작한 일은 여기 일하는 사람들 모두에게 생소한 일입니다." 내가 이곳에 나타나는 걸 좋아하지 않는 사람들이 있는데, 그것은 내가 여자라서뿐만은 아니고 카메라를 든 리포터이기 때문이라고 그는 설명했다. 그 사람들은 자기들이 하는 일이 텔레비전 화면에 요란하게 비치는 걸 원하지 않는다는 것이었다. "그게 현실이에요." 딕 회장은 이렇게 말했다. 나는 화가 나서 이렇게 대꾸했다. "이것 보세요. 내가 계속 이곳에 있을 수도 있고 그렇지 않을 수도 있어요. 하지만 만약 이곳에 남는다면, 내가 내 일을 하는데 사람들이 그걸 보고 소리를 질러대는 건 용납할 수 없습니다."

딕 회장은 나와 나의 적을 자기 사무실로 불러 대화 자리를 마련했다. 그 사람은 거래소의 간부였다. 옳거니. 대화 자리는 재앙으로 막을 내렸다. 그 남자는 심지어 나를 쳐다보지도 않았다. 엄청나게 성질이 나 있었던 것이다. 그러더니 마침내 이렇게 으르렁거렸다. "나는 당신이 하는 별것 아닌 TV 쇼는 보지도 않아요. 당신이 무슨 일을 하는지도 몰라요. 하지만 어쨌든 내 앞에 얼씬거리지 말아요. 내 자리 근처로는 올 생각도 마시오." 그 말에 면담은 그대로 끝나고 말았다.

몇 년에 걸쳐 증권거래소에도 정말 큰 변화가 있었다. 닷컴 폭락 때는 시장이 서서히 가라앉는 것 같았다. 모든 사람이 돈을 잃고 직장을 잃었다. 나를 괴롭히던 그 남자도 마찬가지였다. 그 사람을 몇 년 동안 못 보았는데 어떤 모임에서 우연히 마주쳤다. 그는 내게 다가오더니 친절한 미소를 지으며 이렇게 인사를 건넸다. "마리아, 내가 당신을 힘들게 했다는 걸 잘 알아요. 미안합니다." 그는 마치 오랜 친구라도 되는 듯이 한 손을 내밀며 악수를 청했다. 운명의 장난이었다. 뉴욕증권거래소에서 오랫동안 일하는 동안 나는 많은 친구를 만났고 동료도 만났다. 하지만 이 남자는 이유 없이 끝까지 나를 배척했다. "괜찮아요." 나는 이렇게 말했다. "가 보세요."

대중의 주목을 받는 사람이 되고 나면 사람들은 여러분도 인간이라는 사실을 잊는 경우가 더러 있다. 다른 사람들과 마찬가지로 여러분도 자기 일을 하는 것뿐이라는 사실을 잊어버리는 것이다. 무슨 일을 남보다 먼저 하려면 이니셔티브와 스태미나가 필요하다. 성공한 여성들 중에서 나와 같은 우여곡절을 겪지 않은 경우는 보지 못했다. 하지만 목적을 이루기 위해서는 도전을 이겨내고 그들을 딛고 일어서야 한다. 하지만 여러분이 맡은 일을 잘하면 그러한 갈등은 결국 사라진다. 이제는 거래소 플로어에 가면 내집처럼 편안하다. 그 자리는 내가 싸워서 얻어낸 것이다. 그렇게 하는 과정에서 나는 내 뒤를 따라 온 다른 리포터들에게 길을 만들어 주었다.

이니셔티브를 취하는 데는 항상 위험이 따른다. 위험도 무릅써야 한다. 웃음거리가 될 위험, 조롱당할 위험, 더 나쁜 건 틀릴 위험을 무릅써야 한다. 하지만 자신이 하는 일을 믿고, 매순간 옳은 일을 하려고 노력한다면 궁극적으로 승리는 여러분의 것이 된다.

원하는 걸 당당하게 차지하라

크래푸트 푸즈 회장 아이린 로젠펠드

뉴욕대 다닐 때 저널리즘을 가르치신 마저리 맨들 교수를 나는 잊을 수가 없다. 그녀는 특집 기사 작성법을 가르쳤는데 젊고 박식했으며, 나는 기사 추적하는 법의 기초를 그 시간에 배웠다. 그녀는 트럼프 타워에 가서 그곳을 드나드는 사람들에 관해 기사를 써오라는 등의 과제를 내서 나를 세상 바깥으로 내몰았다. 뉴욕대 캠퍼스 가까이에 있는 퍼블릭 시어터로 가서 쇼를 본 다음 관객들에게 소감을 물어오라는 과제도 내주었다. 그러한 간단한 과제물을 통해서 나는 저널리즘의 기초를 배웠던 것이다. 그 수업을 통해 나는 용기를 키웠고 기사거리를 보면 과감하게 달려드는 배짱을 길렀다.

성공하기 위해서는 자기가 원하는 바가 무엇인지 파악한 다음 그것을 쟁취하기 위해 덤벼들어야 한다고 생각한다. 망설이며 뒤로 빠져서는 절대로 안 된다. 이는 크래프트 푸즈의 회장 겸 CEO인 아이린 로젠펠드에게서 배운 교훈이기도 하다. 그녀는 포천이 선정하는 '비즈니스계에서 가장 영향력 있는 여성' 상위에 꾸준히 오르는 대단히 성공한 여성이다. 아이린 회장은 내게 성공의 열쇠들 가운데 하나는 자기가 원하는 게 무엇인지 파악하는 것이라는 말을 했다. "내게 있어서 가장 의미있는 승진은 가장 맡고 싶었던 일자리를 맡게 되었을 때입니다." 그녀는 이렇게 말했다. "하지만 많은 여성들은 과감함이 몸에 배어 있지 않습니다. 불행하게도 여성들은 '자기 손으로 경적을 울리거나' 무엇을 하고 싶다고 당당하게 말하는 배짱이 부족합니다. 남자들은 무엇을 원하면, 예를 들어 아이스크림을 먹고 싶으면 그냥 일어서서 아이스크림 좀 사오겠노라고 말합니다. 하지만 많은 여성들은 그렇게 하는 대신 '저기 아이스크림 가게가 있네.' 아니면 '휴, 이렇게 더운 날은 아이스크림이나 먹었으면 좋겠네' 라고 말합니다. 직설적으로 말하도록 해야 합니다. 아이스크림이 먹고 싶으면 아이스크림이 먹고 싶다고 이야기하세요. 어떤 맛이 먹고 싶고, 콘으로 먹고 싶은지, 몇 덩어리나 먹고 싶은지 이야기하세요! 사소한 예같이 들릴지 모르지만 여러 면에서 이런 태도가 정말 필요합니다."

제일 먼저 현장에 도착하라

방글라데시의 희망 그라민 뱅크

내가 아는 크게 성공한 사람들 가운데는 제한선 바깥으로 뛰쳐나가, 다른 사람들은 감히 손댈 엄두도 못 낸 일을 해낸 사람들이 많다. 그런 사람들은 해야 할 필요성이 느껴지면, 어떻게 하면 그것을 할 수 있을지 방법을 모색한다. 그라민 뱅크의 창설자인 무하마드 유나스 박사는 1970년대 중반 조국 방글라데시에 닥친 기근 때 그러한 필요성을 보았다. 당시 무하마드 박사는 미국에서 경제학을 가르치던 교수였다. "사람들이 죽어가고 있는데 고상하게 경제학 이론이나 가르치고 있다는 사실에 마음이 편치 않았습니다." 그는 내게 이렇게 말했다. "손 놓고 가만히 있을 수는 없었어요. 이런 문제들을 해결하는 데 사업적인 방법을 동원할 수는 없을까 하는 생각을 했어요."

무하마드 교수는 방글라데시 국민들이 엄청난 의욕도 갖고 있고, 재간도 있다는 걸 알았다. 하지만 잘살아 보겠다고 아무리 발버둥쳐 봐도 필요한 자금을 구할 능력이 없어서 좌절하고 있었다. 그는 수공예품을 팔아 가족들 생계를 꾸려가는 한 여성이 처한 어려움을 보고 영감을 얻었다. 그 여성은 현지 은행에서 받은 살인적인 고이율의 대출금 때문에 빚더미만 쌓여갔다. 대출 원금이 25센트였는데 총부채는 원금의 몇 백배로 불어나 있었던 것이다.

무하마드 교수는 소규모 자영업을 시작해 자립 기반을 잡은 사람들에게 무이자로 소액 대출을 알선해 주자는 생각을 했다. 그가 그라민 뱅크를 시작하자 많은 사람들이 손가락질했다. 그가 구상한 소액 대출 프로그램은 금융계 관행에서 보면 제대로 굴러갈 것 같지 않았다. 금융 업무 면에서 본다면 상환 능력이 없는 빈곤층에게 돈을 빌려 주면 안 된다는 게 원칙이었기 때문이다. 하지만 그는 모두의 예상을 뒤엎고 빈곤에 찌든 나라들에서 혁명적인 일들을 이루어냈다. 그의 구상이 맞아들어간 것이다. 오늘날 그라민 뱅크는 연간 대출금이 5억 달러에 이르고 있고, 무하마드 교수는 이러한 업적을 인정받아 노벨 평화상을 수상했다. 오바마 대통령은 2009년 그가 이룬 업적에 대해 자유훈장을 수여했다. 무하마드 교수는 이렇게 말했다. "앞으로 언젠가 그라민 뱅크가 한때 가난했던 사람들의 은행이라고 알려지는 게 내 꿈입니다."

여러분도 혹시 마음 속에 활활 타오르는 아이디어를 숨겨놓고 있지는 않은가? 무엇이 그 아이디어를 실천하는 길을 가로막고 있는지 스스로 자문해 보기 바란다. 현장에 제일 먼저 모습을 나타내는 사람과, 그 뒤를 따르는 사람들의 유일한 차이는 행동하려는 열성의 차이다.

세상에 할 수 없는 일은 없다

유니버설 스튜디오와 론 마이어

내가 만나는 사람들 가운데는 성공에 이르기까지 걸어 온 길이 너무 각별해서 자세를 바로 하고 귀를 기울이게 만드는 사람들이 너무 많다. 유니버설 스튜디오의 최고운영책임자COO인 론 마이어도 그런 사람 가운데 한 명이다. 로스앤젤레스에 있는 집으로 찾아갔을 때 그는 문신이 다 드러나는 반소매 셔츠를 입고 있었다. 그처럼 막강한 파워를 가진 고위 전문경영인이 문신을 하고 있을 것이라는 생각은 꿈에도 못할 것이다. 하지만 론은 그 문신을 자랑스럽다는 듯이 당당히 드러내 놓았다. 자기의 출신이 어디인지, 그리고 얼마나 먼 길을 지나 여기까지 왔는지 보여주는 상징인 것이었다.

론은 불과 열네 살 때 처음으로 몸에 문신을 새겼고, 열다섯 살 때 고교를 중퇴했다. 문제아였고 앞날에 대한 아무런 계획도 없는 떠돌이 생활을 했다. 그저 거리를 어슬렁거리고 체육관에 가서 복싱을 하고 당구나 치며 시간을 보냈다. 그러다 열일곱 살에 뚜렷한 목표도 없이 해병대에 입대했다.

해병대는 그의 인생을 바꾸어놓았다. 하지만 여러분이 으레 생각하는 그런 식으로 바뀐 게 아니다. 복무기간 중에 그는 홍진을 앓아 격

리수용이 되었는데, 그때 그의 엄마가 병원에서 보라고 '플레시 페들러' The Flesh Peddlers라는 책을 보내주었다. 한 탤런트 에이전트의 삶을 담은 재미있는 책이었다. 론은 그 책에서 큰 감동을 받았다. 그리고 그 책에서 자신의 소명이 무엇인지 찾아냈다.

군에서 제대하자 그는 곧바로 탤런트 에이전시들을 찾아나섰다. 가는 곳마다 그는 "시켜만 주신다면 무슨 일이든 하겠습니다. 우편 심부름을 비롯해 어떤 잡일이든 다 하겠습니다"라고 했다. 하지만 가는 곳마다 퇴짜를 맞았다. 교육도 제대로 받지 못했고 경험도 없기 때문에 그가 채용될 가능성은 거의 제로에 가까웠다. 그런데 어느 날 가느다란 돌파구가 생겼다. 폴 코너 에이전시에서 연락이 온 것이었다. 운전기사가 갑자기 그만두어서 급하게 사람이 필요하다는 전갈이었다. 론은 친구들과 가려고 한 유럽여행을 취소하고 이튿날 곧바로 사무실로 나갔다. 주급 75달러를 받았는데, 그는 그 밑천을 황금 덩어리로 바꾸어 버렸다.

폴 코너는 당시 최고 스타들의 에이전트를 맡고 있었다. 존 허스튼, 빌리 와일더, 찰스 브론슨, 그리고 래나 터너 같은 스타들이 그곳에 속해 있었다. 론은 내게 이렇게 말했다. "폴 코너는 자동차 안에서 사람들을 만나 계약 협상 이야기를 많이 했습니다. 나는 일이 어떻게 돌아가는지 알게 되었고, 많은 사람들을 알게 되었지요." 6년 동안 코너의 운전기사로 일하면서 론은 그 바닥의 생리를 손금 보듯이 훤하게 꿰뚫어 볼 수 있게 되었다. 얼마나 아는 게 많았던지 한번은 윌리엄 모리스 에이전시에 찾아가서 자기가 에이전트라고 거짓말을 했더니 그대로 믿더라는 것이었다. 1970년대 초에 론은 독립적인 에이전트로 성공을 거두었다. 롭 라이너, 샐리 스트러더스, 실베스타 스탤론,

패라 포셋 같은 스타들이 그의 고객이었다.

그는 1975년에 윌리엄 모리스에서 온 동료 네 명과 함께 크리에이티브 아티스트 에이전시CAA를 설립했다. 이들은 하루에 열여덟 시간, 처음 2년은 무보수로 일하며 CAA를 현지에서 최고로 주목받는 에이전시로 만들었다. 바브라 스트라이샌드, 셰어, 마돈나, 톰 행크스, 톰 크루즈 같은 최고 스타들이 고객이 되었다. 현재 론은 유니버설 스튜디오를 직접 운영하고 있다. 그는 성공했다고 자만하지 않고 두 발을 땅에 단단히 붙인 채 회사를 운영한다. 그는 사람들과 이야기하는 것을 좋아한다. 하루는 비행기에 줄리아 로버츠와 동행하고, 그 다음날은 우편물을 담당하는 직원과 점심을 먹는다. 그는 업계에서 가장 멋진 사람 가운데 한 명으로 통하며 믿기 힘들 정도로 성실하다. 직원들은 그가 자신들을 진심으로 존중해 주기 때문에 자기들도 그를 위해서라면 무슨 일이든 할 것이라는 말을 한다.

그렇다면 포부를 가진 요즘 젊은이들에게 그의 이야기가 주는 교훈은 무엇인가? 론의 이야기는 1960년대에나 가능했던 이야기이고, 지금처럼 경쟁이 치열한 각박한 환경에서는 경험 없는 젊은이가 운전기사 석에서 경영인 자리로 옮겨 앉는 게 불가능하다고 생각할지도 모르겠다. 하지만 나는 론의 이야기는 그때나 지금이나 마찬가지라고 생각한다. 그것은 집요함이 어떤 위력을 발휘하는지 보여주기 때문이다. 1백 개의 문을 두드려 봐도 응답하는 곳이 없을 수도 있다. 밑바닥에서 출발할 수도 있다. 하지만 그가 보여준 자질들은 성공의 핵심 열쇠이다. 그는 목적의식이 뚜렷했고, 자신을 믿었으며, 듣고 배우는 데 기꺼이 여러 해를 보냈다. 그리고 중도에 포기하지 않았다. 할리우드의 글래머들을 상대한다고 허황되게 거들먹거린 적이 없다. 그가 거둔 성공은 한번도 자기 아닌 다른 사람처럼 되겠다는 꿈을 꾸지 않았기 때문에 가능했다. 나는 그를 친구라고 부를 수 있게 된 것이 너무 영광스럽다. 그의 삶은 집요함과 근면이 이루어낸 모범 사례이지만 그중에서도 특히 성실, 용기, 정직의 산물이다.

상복을 벗어던져라

잭 웰치, 허브 켈러허

성공하려면 냉혹하고 얼굴이 두꺼워야 한다는 말을 많이 듣는다. 분명 맞는 말이기는 하다. 하지만 경영 책임자들에게 직원들의 자질 가운데서 제일 중요시하는 게 무엇이냐고 물으면 마음가짐이라고 답하는 경우가 많다. 잭 웰치는 나의 물음에 이렇게 대답했다. "제일 눈에 거슬리는 것은 유리잔에 물이 반밖에 없다는 식의 태도입니다. '전에도 해봤지만, 안 됐습니다' 라는 식의 태도를 말하는 것입니다. '그건 못하겠습니다' 라는 태도이지요. 검은 상복 입은 사람과 같이 일하고 싶어 하는 사람은 없어요. 긍정적인 에너지를 보여주도록 해야 합니다." '검은 상복 입은 사람들' 이란 매사를 상복으로 덮어서 받아들이려는 태도를 말한다. 그는 긍정의 화신 같은 사람이기 때문에 그런 식의 부정적인 태도를 아주 싫어한다. 그는 항상 발걸음이 가볍고, 표정을 보면 열정이 넘친다. 그는 자기와 함께 일하는 사람들도 자기와 같은 열정을 가져 주기를 바란다.

　사우스웨스트 항공의 허브 켈러허는 직원을 채용할 때 다음과 같은 원칙을 갖고 임한다고 했다. "내가 가장 중요시하는 것은 마음가짐입니다. 교육과 전문성, 경험도 중요하지만, 아무리 그런 조건을 갖추었다 해도 마음자세가 바르지 않으면 채용하지 않습니다. 자격이 조금 부족하더라도 적극적인 태도를 가진 사람을 채용합니다. 그런 태도가 있어야 강한 팀을 만들 수 있기 때문입니다."

　긍정적인 마음가짐의 가장 큰 매력은 그런 자세를 스스로 만들어 나갈 수가 있다는 점이다. 가만히 보면 좋아하는 일을 하는데도 하루하루를 그렇게 즐거운 표정으로 지내지 않는 사람들이 있다. 얼마 전에 나는 자선 디너의 사회를 보기 위해 토요일 오후에 시카고로 출장을 갔다. 그날은 모처럼 뉴욕의 날씨가 너무 화창해서 라과디아 공항으로 비행기를 타러 나가기가 정말 싫었다. 속에서 불평이 저절로 터져나왔다. '도대체 내가 왜 이 일을 해야 하지?' 정말 짜증이 났다. 하지만 이미 약속한 일이었고, 그런 형편없는 마음가짐으로 사회를 보러 갈 수는 없었다. 태도를 바꾸어야만 했다. 그래서 나는 실제로 마음가짐을 바꾸었다. 마음속으로 바꾸자고 주문을 걸었던 것이다. 시카고에 도착할 때쯤에는 내 얼굴에 웃음이 가득하게 되었다. 억지로 지어낸 웃음이 아니었다. 나는 단지 출장의 긍정적인 면을 생각하려고 마음을 집중시키고, 부정적인 생각은 뒤편으로 몰아냈을 뿐이다. 사회를 맡아달라는 부탁을 받은 건 얼마나 좋은 일이냐고 자신에게 타일렀다. 그런 중요한 자선행사에 참석할 수 있게 된 것은 대단한 영광이지. 자신에게 이런 식으로 격려의 말을 던지다 보면 실제로 긍정적인 기분이 들게 된다. 긍정적인 마음가짐은 우리에게 많은 기회를 가져다 준다.

여자라고 주눅들지 말라

세라 페일린

세라 페일린과 인터뷰할 때 나는 그녀가 보여주는 자신감이 어디서 나오는지 궁금했다. 알래스카 주지사로 2008년 대선에서 공화당 존 매케인 후보의 부통령 러닝메이트로 나선 페일린은 아주 호감이 가고 활기가 넘치는 사람이었다. 쏟아지는 비판에도 전혀 주눅들지 않는 것 같았다. 그녀의 정책에 대해서는 이견이 있는 사람들도 그녀가 인간적으로나 직업적으로 성공을 거두었다는 점에 대해서는 별로 이의를 달지 않을 것이다. 나는 그녀가 앞으로도 오랫동안 전국적인 레이더망에 들어와 있을 것이라고 생각한다.

자기 인생에서 어떤 점이 성공에 도움이 되었느냐는 질문을 던졌더니 그녀는 "스포츠입니다"라고 예상 외의 답변을 했다. 그녀는 이렇게 말했다. "부모님이 모두 운동 코치였어요. 나는 아주 활기차고, 승부욕이 강하고, 남녀 성별이 전혀 문제가 되지 않는 집안 분위기 속에서 자랐습니다. 여자애들도 바깥에 나가 난로에 넣을 장작을 패는 게 당연한 일이라고 생각했지요. 사냥도 하고, 물고기도 잡고, 알래스카에서 남들이 하는 일은 다 하면서 자랐어요. 누구나 다 똑같았어요. 스포츠를 할 때나 일을 할 때나 여자라고 달라지는 것은 하나도 없었어요."

어린 소녀들에게 페일린과 같은 경험은 엄청나게 좋은 교훈이 될 것이다. 그리고 이는 자신의 위치를 차지하기 위해 노력하는 모든 사람들에게 적용될 수 있는 교훈이기도 하다. 첫째, 자신이 당당하게 그 자리를 차지할 자격이 있다는 사실을 스스로 믿어야 한다. 성별, 인종, 장애, 자신이 처한 경제적인 상황 등 여러 가지 면에서 자신이 인생에서 불리한 입장에 처해 있다고 생각하는 젊은이들이 많을 것이다. 하지만 다른 사람과 동등한 입장에 있다는 생각을 확고하게 갖고 있다면 여러분은 그 판에서 승리자가 될 수 있다. 페일린이 주는 메시지는 이런 것이었다. 피해의식에 젖어 살지 말라. 나서서 도전하라. 그리고 그 도전을 멋지게 잘해내라.

기득권에 안주하지 말라

어머니의 가르침

기득권은 노력을 질식시키는 독이다. 지식, 가문, 외모를 비롯해 자신이 취하는 노력과 관계없는 근거로 특별대우를 기대하면 절대로 진정한 성공을 이룰 수 없다. 일시적인 성공을 거두더라도 그 성공은 언제 무너질지 모르는 취약한 성공이 되고 만다.

누구라도 실천하기 정말 힘든 교훈이기는 하다. 나는 뉴욕대 이사로 선임된 다음 모든 학부모들과 아주 친하게 지냈다. 안면도 없는 사람들이 편지와 이메일을 보내왔고 자기 아들 딸, 사촌, 이웃 아이들에 대해 좋은 말을 해달라는 부탁을 받았다. 인맥이 성공의 수레바퀴를 돌리는 윤활유 역할을 한다고 생각하는 모양이지만 나는 그렇게 생각하지 않는다. 나는 그 아이들이 어떤 아이들인지 모르기 때문에 추천의 말을 해줄 수가 없다. 그런 짓은 안 한다. 하지만 젊은이가 스스로 이니셔티브를 취해 자기 발로 나를 찾아온다면 이야기가 완전히 달라진다. 나를 찾아와서 자기가 지금까지 한 일이 무엇이고, 앞으로 하고 싶은 일이 무엇이라고 이야기를 하겠다면 나는 기꺼이 들어 줄 각오가 되어 있다. 하지만 학부모는 이 과정에서 빠져 있어야 한다.

기득권은 사람을 절름발이로 만드는 짐이다. 솔직히 말해 사람들은 누가 어떤 일을 쉽게 이루었다는 사실을 알면 그 사람을 존경하지 않는다. 많은 혜택을 누리면서 태어났다면 여러분은 자신의 능력을 입증해 보이기 위해 더 많은 노력을 해야 한다. 그래야 자연의 섭리대로 균형이 잡히는 것이다.

어릴 적부터 나는 우리가 얻는 것은 노력을 기울이는 것과 연관되어 있다고 배웠다. 우리 가족은 어떤 기득권도 없었다. 지금도 기억이 생생하다. 다섯 살 때였는데 소프트 아이스크림 트럭이 동네에 나타나면 나는 엄마에게 달려가서 아이스크림이 먹고 싶다고 졸랐다. 그러면 엄마는 이렇게 말씀하셨다. "먹고 싶으면 사먹으렴. 그런데 돈은 있니? 저금통에 얼마 있는지 봤어?" 나는 저금통에 돈을 모으고 있었고, 엄마가 던지는 메시지는 분명했다. 아이스크림 콘을 사먹을 만큼 돈을 모았으면 그걸 사먹을 수 있는 것이고, 그렇지 않으면 못 사먹는 것이었다. 그게 다였다. 이론의 여지가 없었다. 이 간단한 교훈은 내가 평생을 살아오며 고수해온 하나의 토대가 되었다. 무엇을 이루고 싶으면 그것을 위해 일하고, 저축하고, 공부하고, 계획해야 했다. 이게 바로 나의 성공 비결이며, 지금까지도 변함 없이 유지되는 비결이다.

　이런 교훈을 배울 기회를 갖지 못하고, 손가락 하나 까딱하지 않고 기득권을 누리며 자란 아이들을 보면 안됐다는 생각이 든다. 몇 년 전 월스트리트에서 일하는 어떤 소식통과 이야기할 때였다. 엄청난 부와 성공을 거둔 사람이었다. 그 사람은 열 살짜리 자기 아들의 고급 취향에 대해 농담조로 이렇게 말했다. "이 녀석이 어디 갈 때면 항상 '아빠, 항공사 비행기로 갈 거예요? 자가용 비행기로 갈 거예요? 특등석이에요?' 라고 성가시게 묻는답니다." 그 사람은 웃으면서 말했다. 자랑스럽게 말하는 것 같아서 나는 그 사람을 물끄러미 쳐다보았다. 그러고는 놀란 목소리로 이렇게 물었다. "열 살짜리 애가 민항기로 갈지 자가용 비행기로 갈지 묻는다고요?"

　"예, 우습지 않아요?" 그는 껄껄 웃으며 말했다.

　나는 고개를 가로젓기만 했다. 속으로 아니요, 우습지 않아요라고 대답했다. 그건 역겨운 일이었다. 그 아이는 망가지고 있는 것이었다. 변하지 않는 진리 하나만 말하겠다. 성공은 지나가는 것이고, 돈은 언제든지 날아가 버릴 수 있다. 성공과 가치에 대한 바탕이 마련되어 있지 않다면 여러분 자신도 바람과 함께 쓸려 날아가 버리게 된다.

무슨 일이든 찾아서 하라

나의 CNN시절

몇년 전에 나를 도와줄 보조 직원을 한 명 구했는데 아주 우수한 여성이 지원했다. 자격을 보면 나를 훨씬 능가했다. MBA 학위를 갖고 있고 월스트리트에서 일한 경력도 있었다. 시장 돌아가는 원리도 파악하고 있고 월스트리트 전문용어도 제대로 알고 있었다. 텔레비전에서 일하고 싶어 했는데, 나한테 와서 같이 일하고 싶다고 했다. 아주 인상적이 여성이었다.

그런데 면접 때 자신의 요구사항을 이렇게 늘어놓기 시작하는 것이었다. "전용 컴퓨터, 휴대용 전화기, 개인 사무실이 필요합니다." 그녀는 요구사항을 하나하나 꼽아나갔다. "목요일은 쉬고 주말에는 절대로 일을 하지 않습니다." 그런 식으로 끝도 없이 이어졌다. 나는 두 눈이 휘둥그레졌고, 마음은 착 가라앉았다.

말할 때마다 점수를 깎아먹는 지원자와 테이블을 마주하고 앉아 있자니 이 여자는 자기가 무슨 말을 하고 있는지조차 모른다는 생각이 들었다. 자기가 상대방에게 어떤 인상을 주는지에 대해 아무런 생각이 없는 것이었다. 물론 그 여자는 채용되지 않았다.

나는 누구를 채용할 때 자기 힘으로 무엇을 이룬 사람에 대해 심할 정도로 호의를 갖는다. 내가 바로 그런 사람이기 때문이다. 얼마 전에 무슨 물건이든 버리지 않고 모아 두는 것으로 유명한 우리 엄마가 옛날에 써놓은 내 이력서 뭉치를 가져다 주셨다. 그걸 읽어 보니 예전에 내가 어떤 아이였는지 생각이 나서 너무 기분이 좋았다. 이력서 문구를 보니 거의 애원조였다. "제발 저를 채용해 주세요. 무슨 일이든 열심히 하겠습니다." CNN에 처음으로 일자리를 구했을 때 나는 나보다 더 험한 일을 할 사람은 없다는 식으로 무슨 일이든 닥치는 대로 했다. 커피 심부름에다 복사기 앞에서 몇 시간씩 보내는 건 예사였고, 이리저리 심부름을 다녔다. 시키면 화장실 청소도 했을 것이다. 일하는 게 그저 너무 좋았다. 일단 출근하고 나면 무슨 일이든 찾아서 했다. 험한 일 하는 걸 절대로 마다하지 않았다. 그랬더니 효과가 나타났다. 내가 사소한 일도 마다하지 않는다는 것을 알고 사람들은 차츰 더 책임있는 일거리를 맡기기 시작했다. 프리마돈나를 좋아하는 사람은 없다.

하지만 다시 생각해 보니 화장실 청소는 시켜도 안 했을 것 같다. 중요한 것은 유연하고 열린 자세를 갖는 것이지만, 그렇다고 그게 지나쳐서는 안 된다. 나는 기사를 쓰고 싶은데 상사가 화장실 청소를 시킨다면 두 사람의 기대치 사이에 명백한 간격이 있는 것이다. 그런 간격은 해소되어야 마땅하다.

일단 비행기를 타라

세라 페일린 러닝 메이트 특종

하고 싶은 게 있으면 그대로 실행에 옮기라는 게 일하는 데 있어서 나의 철학이다. 전화를 걸고, 비행기를 타고, 현장으로 달려간다. 일이 항상 마음먹은 대로 되는 것은 아니지만, 그렇다고 뒤로 물러나서 전화벨이 울리기를 기다리는 건 체질에 맞지 않는다는 걸 잘 알기 때문이다.

내가 진행하는 프로에서 2008년 늦여름에 에너지 업계에 대한 특집을 진행했는데 프로듀서가 세라 페일린 인터뷰를 하자고 제안했다. 그때 나는 여동생과 애리조나에서 휴가 중이었기 때문에 당장 알래스카로 달려가라는 주문이 썩 달갑지 않았다. 그때는 정말 집으로 돌아가고 싶었다. 내가 꾸물거리는 것을 보더니 동생이 이렇게 다그쳤다. "언니, 어서 비행기 타. 알래스카같이 멋진 곳에 가는데 얼마나 좋아." 물론 동생 말이 옳았다. 더구나 그 인터뷰는 하고 나서 보니 그냥 전화만 걸어서 하기에는 너무도 중요한 것이었다.

현장에 도착하자 무언가 심상찮은 느낌이 들었다. 나는 페일린 주지사와 장시간 인터뷰를 가졌는데 무언가 물밑에서 큰일이 진행되고 있다는 느낌을 지울 수가 없었다. 그 주에 존 매케인이 러닝 메이트를 발표하기로 되어 있었는데 페일린의 이름도 거론되고 있었다. 하지만 당시로서는 매케인이 그녀를 실제로 러닝 메이트로 지명할 것이라고는 누구도 예상하지 않았다. 하지만 나는 형식적인 질문이었지만 매케인 상원의원과 접촉이 있었느냐고 물어보았다. 페일린은 조심스러운 듯 홍보 담당자를 쳐다보더니 어쩌면 후보자 명단에 들어 있는지 모르지만 자기는 모른다며 어물거렸다. 나는 속으로 '흠, 이것 봐라' 하고 생각했다. 인터뷰를 마친 다음 나는 페일린에게 주중에 내가 진행하는 비즈니스 위크 칼럼에서 다시 인터뷰할 수 있겠느냐고 부탁했다. 만약의 일에 대비해서 그녀와의 접촉을 유지하고 싶었던 것이다.

수요일에 페일린과 전화 인터뷰를 했는데 목소리가 아주 자신감에 넘쳤다. 우리는 에너지 외에 일반적인 경제정책 분야로까지 인터뷰 주제를 넓혀나갔다. 그러면서 나는 한번 더 속으로 '흠, 이것 봐라' 하고 생각했다.

금요일에 존 매케인은 세라 페일린을 러닝 메이트로 지명한다고 발표했다. 그러고 나서 일요일에 그 인터뷰가 방송되었기 때문에 나는 새로 지명된 부통령 후보와 최초로 본격적인 인터뷰를 한 셈이 되었다. 그게 모두 내가 한 발 더 나아갔기 때문에 가능했던 일이다. 물론 인터뷰 당시에는 사태가 어떻게 진행될지 나도 몰랐다. 운이 좋았던 것이다. 그렇지만 나는 직접 비행기를 타고 추가적인 노력을 했기 때문에 그 행운을 만들어 낼 수가 있었다.

4

용기

과감하고, 현명하고, 공정하게 처신하라

외할머니의 유산

외할머니 로살리아 마리아 모레알레는 내가 아는 한 세상에서 가장 용기있는 분이셨다. 미국에서 태어나긴 했지만 외할머니의 모국어는 이탈리아어였고, 어렸을 적에 이탈리아로 가셨다. 나중에 결혼하고 얼마 되지 않아 다시 미국으로 돌아오셨지만, 그때는 미국 태생이라기보다는 이민자 신분에 더 가까웠다. 외할머니 내외는 브루클린에 정착해 가정을 이루셨다. 하지만 엄마가 겨우 여섯 살 때 외할아버지가 돌아가셨기 때문에 외할머니는 힘든 시련에 부딪치게 되셨다. 홀몸으로 딸 둘 아들 둘, 이렇게 네 아이를 키워야 했는데 아이들도 영어는 거의 못했다. 외할머니는 공장에서 일하며 가족을 이끌어가시면서 한번도 아이들 앞에서 힘든 내색을 하지 않으셨다.

외할머니는 돌아가실 때까지 브루클린 17번가에 있는 집에서 사셨다. 엄마는 아버지와 결혼한 뒤 한동안 이 2층짜리 아파트에서 함께 살았다. 나는 생후 몇 달간 그 집에서 살았는데, 그러고 나서 부모님은 주거 환경이 조금 더 낫다는 베이 릿지로 이사하셨다.

내가 어렸을 적에는 외할머니가 집안의 기둥이셨다. 우리 집안에서 안정감과 용기를 불어넣어 주는 힘의 원천이셨던 것이다. 나는 놀라운 눈으로 외할머니를 우러러보며 자랐다. 어릴 적 제일 행복한 추억은 외할머니가 일하는 부엌에서 보낸 추억들이다.

내가 열 살이고 외할머니가 74세였던 1977년에 나는 외할머니와 외삼촌 가족을 따라 플로리다에 사는 친척집으로 놀러갔다. 함께 따라가게 되어서 너무 신이 났고, 외할머니는 애를 잘 데리고 갔다 올 테니 걱정 말라며 엄마를 안심시켰다. 여행을 잘 마치고 돌아오는 길이었고, 집에 가면 거창한 환영 파티가 열리기로 되어 있었다. 델라웨어를 지나며 우리는 잠시 차를 세우고 쉬기로 했다. 고속도로변에 차를 세우는데 트랙터 트레일러 트럭이 우리가 탄 소형 해치백을 뒤에서 쾅 하고 들이받았다. 우리는 밑으로 납작하게 깔린 다음 반대편으로 튕겨져 나갔다. 나는 기적적으로 가벼운 상처만 입고 살아났지만 외할머니는 몸이 완전히 짓이겨진 채 트럭의 한쪽 바퀴 옆에 쓰러져 계셨다. 지금도 그 장면이 눈에 생생하다. 외할머니는 자동차에서 튕겨져 나가는 사고를 당한 뒤 9주 동안 혼수상태로 계시다 돌아가셨다.

외할머니의 죽음은 우리 가족에게 엄청난 충격을 안겨다 주었다. 신앙심이 깊은 엄마는 외할머니가 천국에서 편히 쉬실 거라고 나를 위로했고, 나도 그 말을 믿기는 했지만 상실감이 너무도 컸다. 해가 지나면서 외할머니께 묻고 싶은 궁금한 일들이 너무도 많았다. 어떻게 미국까지 그 먼 길을 올 용기가 나셨는지 궁금했고, 젊은 나이에 홀로 되어서 어떻게 가족을 이끌고 살아갈 힘이 생겼는지 물어보고 싶었다. 비록 육신은 돌아가시고 없지만 나는 외할머니가 우리곁에 계시다는 걸 느낄 수 있었다. 마치 천사가 내 어깨 위에 내려앉아서 내가 올바른 결정을 내리도록 이래라저래가 가르치고 도와주는 것만 같았던 것이다.

외할머니는 용기는 고상한 이상이 아니라는 걸 내게 가르쳐 주셨다. 대부분의 사람들은 어떤 경천동지할 일을 당했을 때만 엄청난 용기가 필요한 게 아니다. 매일매일 살아가면서 만나는 사소한 어려움에 대해 어떻게 하라고 일러주는 작은 목소리가 바로 용기다.

떨리는 건 당연한 거야!

뉴욕양키스 시구

몇년 전에 나는 뉴욕양키스의 경기 때 시구를 해달라는 부탁을 받았다. 너무 흥분이 되었고 축하한다는 말도 많이 들었다. 그러나 엄청나게 떨리기도 했다. 나의 체면이 시험대에 올랐기 때문이다. 뉴욕 팬들은 거칠기로 유명한데, 양키스타디움에서 야유소리를 들을 수는 없는 노릇이었다. 하지만 나는 야구를 해본 적도 없고, 피처 마운드에서 홈플레이트까지는 먼 거리다(약 18미터). 내가 공을 던지면 중간쯤에 뚝 떨어질 게 뻔했다.

그 부탁을 들었을 때 나는 애리조나에서 휴가 중이었다. 진짜 운동선수이고 하이킹 가이드로 일하는 친구 댄을 찾아가 공 던지는 걸 좀 가르쳐 달라고 했다. 2주 동안 하루도 빠짐없이 댄은 나를 가르쳤고, 나중에는 내 피칭 실력도 꽤 괜찮다고 할 정도까지 되었다. 하지만 막상 그날 아침에 눈을 뜨자 겁이 덜컥 났다. 도대체 내가 뭘 하겠다고? 내가 양키스타디움에 서겠다니 가당키나 한 일이야? 난 절대로 못할 거야.

댄이 시내로 와서 우리 부부를 구장으로 데려가기로 되어 있었다. 그가 나타나자 나는 이렇게 불쑥 말했다. "오, 맙소사, 댄, 너무 떨려 죽겠어. 내가 도대체 무슨 일을 저지르려고 하는 거야?"

댄은 내 눈을 똑바로 쳐다보며 단호하게 말했다. "마리아, 마운드에 서면 딱 한 가지만 생각해. 떨리는 건 당연한 거야." 그가 한 이 말은 내게 강한 인상을 남겼다. 나는 마음을 진정시키며 웃음을 지어 보였다. "맞아, 나는 할 수 있어." 이렇게 말하고 구장으로 향했다.

마운드로 걸어 나갈 순간이 되자 또 떨리기 시작했다. 환호하는 관중 6만 명이 앞에 있고, 눈을 뜨기 힘들 정도로 바람도 불었다. 홈플레이트까지 거리는 백만 마일은 되는 것 같았다. "오, 노. 도저히 못할 거 같아. 관중들이 야유할 게 뻔해." 나는 심호흡을 한번 한 다음 이렇게 말했다. "떨리는 건 당연한 거야." 그러고는 볼을 던졌다.

공은 홈플레이트를 지나 캐처의 미트로 빨려들어 갔고 관중들은 환호했다. 선수 한 명이 이렇게 소리쳤다. "그 여자를 출전시켜! 공이 너무 좋아. 경기에 넣어!" 정말 달콤한 순간이었다.

하지만 이 이야기의 핵심은 댄이 내게 해준 말이다. 이후 그 말은 내 인생의 모토가 되었다. 지금도 나는 잘 해낼 수 있을까 하고 겁이 나고 떨리면 머릿속으로 이 말을 되뇌어 본다. "떨리는 건 당연한 거야." 그렇게 하면 앞으로 달려나가는 데 도움이 된다.

과감하게 도전하라

AIG를 글로벌 기업으로 키운 행크 그린버그

용기란 삶의 한 방법이고, 한번이 아니라 일련의 여러 행동을 나타내는 것이다. AIG를 작은 보험회사에서 글로벌 거대 기업으로 키운 모리스 '행크' 그린버그도 용기를 보여준 아주 좋은 사례 가운데 하나이다. 행크는 내게 용기야말로 성공의 핵심 열쇠라는 말을 한 적이 있는데, 그의 살아온 길이 이를 증명한다. 그의 어린시절에 대해 이야기를 들은 적이 있는데, 나는 그가 지나온 휴먼드라마에 큰 감동을 받았다. 대부분의 사람들은 그를 단순히 세계적으로 막강한 기업에서 크게 성공한 CEO로만 생각한다. 그리고 치욕적인 몰락을 딛고 불굴의 의지로 컴백에 성공한 경영인으로 기억한다. 하지만 나는 그에게 세상 사람들이 모르는 면이 있다는 걸 알게 되었다. 그는 여섯 살 때 아버지를 여의었다. 모친이 재혼한 뒤에 그들은 뉴욕주 리버티에 있는 작은 시골 농가에서 살았다. 뉴욕시에서 북서쪽으로 약 90마일 떨어진 곳이었다.

"아홉 살 땐가 열 살 때 나는 새벽 네 시에 일어나면 소젖을 짜기 전에 사향쥐와 밍크를 잡으려고 쳐놓은 덫을 챙기고, 그런 다음에 학교에 갔어요. 숲속을 쿵쾅거리고 뛰어다니며 털짐승들과 머리싸움을 하다 보면, 그놈들의 꾀가 어떤지, 잡으려면 어디다 덫을 놓아야 할지 등을 궁리하게 되지요. 그렇게 하다 보면 안전한 곳에서는 배우지 못하는 일들을 배우게 됩니다."

그는 열일곱 살 때 집을 떠나 육군에 입대했다. 1942년이었는데, 마을의 많은 다른 젊은이들과 마찬가지로 그도 전쟁 중인 조국에 무언가 보탬이 되어야겠다는 생각을 했다. "입대하려면 열여덟 살은 넘어야 하기 때문에 나이를 속였지요." 그는 이렇게 말했다. "카운티 사무실에서 일하는 여자친구가 있어서 백지 출생증명서를 얻은 다음 내 손으로 생년월일을 적어 넣었지요. 그런 다음 여자친구가 도장을 찍어서 열여덟 살임을 보여주는 출생증명서를 만든 것입니다." 그렇게 해서 유대인인 그는 유럽 전선으로 배치되어서 곧바로 치열한 전장에 투입되었다. 그는 겨우 열아홉 살 때 중위로 진급했다.

전쟁을 통해 용기를 배웠느냐고 물었더니 그는 이렇게 말했다. "용기는 배우는 게 아니라고 생각합니다. 용기가 있거나 없거나 둘 중의 하나지요. 처음에는 수많은 내적인 저항을 극복해야 합니다. 두려움을 가진 적이 한번도 없었다면 거짓말이겠지요. 눈앞에서 벌어지는 일들을 많이 볼수록 나는 최악의 상황이 내게도 일어날 수 있다는 확신을 점점 더 갖게 되었습니다. 최악의 일이 항상 다른 사람에게만 일어나지는 않겠지요. 두려움은 부끄러워할 일이 아니며 그것을 극복하는 법을 배워야 합니다. 일단 한번 이겨내고 나면 그 다음부터는 한결 더 쉬워집니다. 이를 악물고 해야 할 일을 해야 합니다. 사람들을 이끌어야 하는 입장이라면, 용기뿐 아니라 자신감도 갖추어야 사람들이 따른다는 사실을 알아야 합니다. 자기는 하지 않을 일을 다른 사람들에게 하라고 시킬 수는 없습니다."

1944년 6월의 D 데이 노르망디 상륙작전 때 그는 오마하 해변에 있었다. 당시 그는 이미 힘든 고비를 여러 번 넘긴 다음이었지만 오마하 해변은 그 전쟁의 그라운드 제로 격이었다. 2200명이 넘는 미군 병사들이 적의 포화를 뚫고 해변으로 상륙하다가 목숨을 잃었다. 그는 전함에서 대기하며 해변으로 상륙하라는 진군 명령을 기다리고 있었다. "우리 주위에는 전함들이 빽빽하게 들어차 있었지요." 그는 이렇게 회고했다. "모두들 불안감에 휩싸여 있었을 건 뻔하지요. 하지만 나는 엄청나게 운이 좋았어요. 우리 대대장은 상륙하기로 되어 있는 해변에서 벌어지는 상황을 보고는 조타수에게 그곳에서 해변 아래

쪽으로 100야드 정도 떨어진 곳으로 상륙하라고 명령했습니다. 만약에 대대장이 그렇게 하지 않았더라면 나는 지금 당신과 마주앉아 이야기를 나누고 있지 못할 것입니다."

본국으로 돌아온 그는 전쟁터에서 겪은 일보다 민간인으로서의 생활에 적응하는 게 더 힘들다는 것을 깨달았다. 마치 뿌리가 뽑힌 사람처럼 외로웠다. 전장에서 그는 한 명의 성인이었고 지휘관이었지만 민간인으로서 그는 겨우 고교 중퇴생에 불과했다. 3학년을 마치지 않고 입대했기 때문이다. "새삼스레 뉴욕주의 리버티로 돌아가 다시 고등학생이 될 수는 없었어요." 그는 이렇게 말했다. "그때 이미 스무 살이었고, 그래서 뉴욕의 로즈 스쿨에 입학했습니다. 주당 5달러를 주고 웨스트 10번가에 방 하나를 구했습니다. 약 7개월 만에 학교를 마쳤지만 정말 너무도 힘든 나날이었지요. 낯설기만 하고, 승강기도 없는 그 아파트에서 혼자 지냈습니다. 도시 전체를 다 둘러봐도 아는 사람 한 명 없고, 가진 돈도 군대서 모은 몇 푼밖에 없었어요. 성장기를 군에서 보냈기 때문에 너무도 외로웠습니다."

힘든 가운데서도 그는 시작한 공부를 기어코 마치기 위해 열심히 노력했다. 대학에 진학해서 마이애미대에서 법학 전공으로 학사학위를 받은 다음 뉴욕대 로스쿨로 진학했고, 1950년에 로스쿨을 졸업했다. 마지막 수업을 마치고 엄마를 만나기 위해 자동차를 몰고 가는데 라디오에서 북한이 한국을 침공했다는 뉴스가 흘러나왔다. 예비군이었기 때문에 그는 소집이 되어 대위 계급으로 한국에 파견되었다. "한국전은 정말 힘든 전쟁이었습니다." 군인들이 겪은 너무도 열악한 상황들을 회상하며 그는 이렇게 말했다. "겨울은 정말 끔찍했는데 방한복도 제대로 없었어요. 발을 따뜻하게 하려고 신문지 뭉치를 군화 속에 집어넣고 다녔어요. 너무도 추악한 전쟁이었어요. 하지만 꼭 해야 될 일은 해야 되는 것이지요. 나는 250명 정도 되는 중대 병력을 지휘했고, 돌아와서는 직장을 구해야 했습니다.”

한국전쟁에서 돌아온 다음의 생활에 대해 그는 이렇게 말을 이었다. “운이 좋았던 셈이지요. 집으로 돌아온 바로 다음날 나는 같이 로스쿨에 다닌 친구들 몇을 찾아갔습니다. 친구들은 뉴욕 다운타운의 보험회사들이 많이 모여 있는 지역에서 과실過失 관련 업무를 다루는 변호사로 개업해서 일하고 있었지요. 그들이 하는 일에 같이 끼어들고 싶지는 않았어요. 친구들 사무실을 나와 한참 걸어내려 오다가 우연히 콘티넨털 캐주얼티 보험회사 앞을 지나가게 되었습니다. 무작정 회사 문 안으로 걸어 들어갔고, 그 자리에서 바로 주니어 언더라이터로 채용이 되었지요. 그게 뭐하는 자리인지도 모르고 무조건 입사를 한 것입니다. 변호사 일을 시작할 때까지 잠시만 하겠다는 생각을 했던 게 지금까지 보험업계에서 일하게 된 것입니다.”

그는 새로운 분야에서 또 다른 전투를 치러야 한다는 것을 알게 되었다. “보험업계에 들어와 보니 그건 한마디로 소위 와스프WASP 엘리트들이 이끄는 사업이었어요. 유대인이라는 것은 좋은 신분 배경이 되지 못했고, 그 핸디캡을 극복해야 했습니다. 유대교 신앙을 가진 사람들은 대부분 에이전트나 브로커로 활동했고 보험회사를 경영하는 사람은 없었습니다. 나는 에이전트나 브로커를 할 생각은 없었어요. 그건 별로 내키지가 않았던 거지요. 나는 기존의 보험회사와는 전혀 다른 보험회사를 내 손으로 만들어 보겠다는 비전을 갖고 있었어요.

반드시 해보겠다는 결의가 있었습니다."

　히틀러군과 맞서 싸우고, 다하우 해방작전에 참전한 사람이지만 고국에서 겪는 반유대주의 정서는 정말 삼키기 힘든 약이었다. "유대인이라는 이유로 어려움을 겪으면서도 나는 그 때문에 좌절을 겪게 될 것이라는 걱정은 한번도 하지 않았습니다. 비탄에 젖어 가만히 앉아 있은 적은 없었어요. 만약에 그랬다면 그건 내가 아니지요. 해야 한다고 생각되는 일을 계속 해나갔습니다. 일을 통해 사람들의 마음을 사로잡아 나가야 합니다. 일을 제대로 하면 사람들도 여러분이 하는 일을 제대로 평가해 주기 시작합니다. 그게 바로 어려움을 이겨내는 방법입니다." 그는 1968년에 AIG 설립자인 C.V. 스타의 뒤를 이어 제2대 CEO가 되었다.

실패의 두려움을 이겨내라

스티븐 파블류카, 제프 이멜트

　　최근에 일어난 금융위기 같은 대규모 재앙이 아니더라도 우리는 두려움에 사로잡히는 경우들이 있다. 한 가지 분명한 사실은 여러분의 생각이 두려움에 근거하고 있으면 올바른 판단이나 행동을 할 수가 없다는 것이다. 이런 말을 하는 친구가 있었다. "나는 CNBC 뉴스를 볼 때 소리를 죽이고 본단다. 시장 동향을 가리키는 화살표가 오르락내리락하는 것을 보면 오장육부가 뒤틀리는 것 같아. 도무지 현실의 일 같지가 않고 꼭 오즈의 마법사가 스크린 뒤에 숨어서 레버를 조작하는 것 같은 기분이 들어.” 나도 그랬고 금융위기가 절정일 때는 많은 사람들이 같은 기분이었다. 투자의 달인이라는 사람들도 돈을 ‘이불 밑에 묻어두는 게 낫겠다’는 말들을 했다. 당연히 그런 걱정을 할 만한 시기였지만, 두려움에 기초한 사고는 그것 자체가 주식시장에서 스스로 부정적인 결과를 만들어냈다. 회복에 필요한 첫 단계는 바로 이 두려움을 극복하는 것이다.

개인의 일도 마찬가지다. 두려움에 기초한 생각은 성공에 방해가 된다. 두려움을 이겨내고 행동할 수 있는 능력이 바로 용기다. 운동선수가 어려운 샷을 날리는 것도 마찬가지다. 성공할 것이 확실해서가 아니라, 성공할 수 있는 여지가 있기 때문에 하는 것이다.

베인 캐피털 파트너스의 사장이고 보스턴 셀틱스 공동구단주인 스티븐 파블류카는 뛰어난 비즈니스맨일 뿐만 아니라 아주 재미있는 사람이다. 지금처럼 어려운 시기에 힘들게 버텨나가고 있는 사람들에게 해줄 조언이 무엇이냐고 물었더니 스포츠, 리더십, 인생을 주제로 자기가 쓴 라디오 방송 시리즈 원고를 보여주는 것이었다. 그는 고교시절 최대 라이벌 팀과 가진 농구경기를 한번도 잊은 적이 없다고 했다. 더블 오버타임 접전이 벌어졌고 그는 프리드로를 하기 위해 드로라인에 섰다. 그는 십대들이 흔히 하는 멜로드라마 같은 생각으로 경기 승패뿐 아니라 자신의 전 생애가 그 샷에 달려 있다는 각오를 했다. 그래서 과감한 결단을 내렸다. 정석 플레이는 아니지만 드로라인에서 점프숏을 날리기로 한 것이었다. 그는 숏을 날렸고 공은 바스켓 안으로 들어갔다. 정말로 신나는 승리의 순간을 만끽했다. 비록 상대팀이 다시 반격해 결국 승리를 넘겨주기는 했지만.

그는 솔직히 경기가 패한 사실은 기억하지 않는다. 자기가 성공시켰던 그 슛만 기억하는 것이다. "그 경험은 내게 위기의 순간에는 잡은 기회를 반드시 성공시켜 실패에 대한 두려움을 이겨내는 게 정말 중요하다는 걸 보여주었습니다. 사람들이 꽉 들어찬 경기장에서 그렇게 미친 점프 슛을 날린 것은 내 뇌리에 영원히 남아 있어요. 그 기억은 비즈니스 업계에서 일하는 지금도 위기의 순간이 오면 집중력을 발휘할 수 있도록 내게 힘을 줍니다."

나는 그가 말하는 이러한 통찰력에서 한걸음 더 나아가고 싶다. 용기를 가진다는 건 단지 위기를 맞았을 때 겁먹지 않는 것만 뜻하는 게 아니다. 용기는 명료한 정신으로 그 위기의 가치를 제대로 파악하는 것을 뜻하기도 한다. 나의 보스이자 제너럴 일렉트릭의 CEO인 제프 이멜트는 2001년에 잭 웰치로부터 그 자리를 넘겨받은 이후 여러 차례 힘든 위기를 겪었다. 하지만 그는 회사가 어려움에 처한 게 나쁜 소식이라고 할 수만은 없다는 주장을 일관되게 해왔다. 어려움을 통해 교훈을 얻는다는 말이었다. 2008년 금융위기가 한창이던 때 뉴욕대 스턴 비즈니스 스쿨에서 관중들 앞에서 제프와 인터뷰를 가졌는데 그때 그는 이렇게 말했다. "평생 내 눈으로 보리라고 생각해 본 적이 없는 일을 벌써 스무 가지나 봤습니다. 그리고 내 손으로 할 것이라고 생각해 본 적이 없는 일을 열 가지나 했습니다. 그리고 앞으로 할 열 가지도 줄을 서서 기다리고 있습니다."

제프는 사업을 하다 어려운 시기를 맞으면 일을 새롭게 시작할 수 있는 기회가 된다고 믿는다. "2008년 9월에 GE를 이끈다는 게 얼마나 힘든 일이었는지는 말로 설명할 수 없을 정도였습니다. 리먼 브러더스가 파산했을 때 정부가 나서서 AIG를 구해 주었지만 위기는 계속해서 닥쳤습니다." 그는 계속해서 이렇게 말했다. "하지만 위기가 아니었더라면 우리는 새로 시작할 수 없었을 것입니다. 위기 덕분에 우리는 진로를 수정해 긍정적인 방향으로 나아갈 수 있게 된 것입니다."

여러 해 동안 나는 제프가 일하는 모습을 지켜보았다. 그는 대중적인 인기를 누릴 때도 있었고, 진정한 리더십을 발휘할 때도 있었다. 나는 그의 일관된 태도에 감명을 받았다. 그는 삶이라는 게임이 펼쳐지는 인간사에서는 직구만 날아오는 게 아니라 커브볼이 날아오는 경우도 많다는 것을 잘 아는 사람이다. 그리고 중요한 것은 어떤 공이 날아오느냐가 아니라 그 공을 어떻게 받아내느냐 하는 것임을 그는 안다.

자기 밥그릇은 반드시 챙겨라

오길비 앤드 매더 CEO 셀리 라자러스의 배짱

힘든 업무를 수행하는 와중에 자신만의 개인적인 여유를 따로 떼어내려면 상당한 용기가 필요하다. 오길비 앤드 매더의 CEO인 셀리 라자러스는 이런 점에서 대단히 모범적인 성공 사례다. 그녀는 이 회사에서 30년 넘게 여러 직책을 거치며 차근차근 위로 올라갔다. 많은 여성들과 마찬가지로 그녀도 할 일의 우선순위에 균형을 유지하며 직장 일을 충실히 하는 동시에 아이들도 빈틈없이 돌봐야 했다. 그러려면 용기가 필요했다. "오랫동안 남자들만 있는 사무실에서 나는 언제나 유일한 여성이었어요. 하지만 그런 사실 때문에 내가 꼭 해야 할 일을 못하는 일은 없도록 했어요." 그녀는 내게 이렇게 말했다.

"하루는 보스가 '금요일 오후 두 시에 열리는 회의에 참석해 주기 바랍니다' 라고 했어요. 나는 이렇게 말했지요. '아들 축구시합이 있기 때문에 그 회의에는 참석할 수가 없습니다.' 그는 내 대답에 기가 막힌 나머지 참석하라고 계속 다그치며 이렇게 말했습니다. '노, 노, 노. 반드시 참석하도록 해요.' 그래서 나는 이렇게 말했지요. '미안합니다. 지금부터 십년 뒤면 사람들은 그 회의에 누가 참석했는지 기억하지 않을 것입니다. 하지만 십년이 지나도 우리 아들은 오랫동안 연습해온 그 결승전에 내가 오지 않았다는 사실을 기억할 것입니다. 가겠다고 아들과 약속했으니 나는 갈 겁니다. 그러니 1시 30분에 사무실에서 나가도록 허락해 주세요. 어차피 나는 갈 거니까요.' 나는 결국 그 회의에 참석하지 않았고, 회의 결과는 나중에 리포트로 받아 보았습니다. 그래도 세상은 아무 일 없이 잘 굴러갔어요."

개인적인 삶은 직장에서의 삶과 매일 교차한다. 두 가지를 모두 만족시킬 방법은 없고, 우리에게 그럴 권리가 없다고 말하는 사람들도 있다. 하지만 셀리가 겪은 것처럼 자신의 입장이 확고하면 우리는 더 강해질 수 있다. 그렇게 한다고 목이 달아나지는 않는다.

과감하게 큰 길에서 벗어나라

하버드를 중퇴한 빌 게이츠

국제 비즈니스맨으로 큰 성공을 거둔 한 친구는 대학에 다니는 아들이 공부에는 관심이 없고 아버지 돈만 물 쓰듯 한다고 걱정이 태산같았다. 보다 못한 내 친구는 아들에게 이렇게 말했다. "이제 집에서 내보낼 테니 중국으로 가거라."

아들은 놀라 울부짖다시피 말했다. "중국요? 제가 거기 가서 무얼 하게요?"

"그건 나도 모르지." 친구는 이렇게 대답했다. "뭘 할지는 네가 찾아봐야지. 베이징에 아파트는 하나 구해 줄 테니 혼자서 살아 보거라. 뭘 할지 결정이 되면 나한테 연락해라."

용감하고 현명한 선택이었다. 그는 아들이 똑똑하지만 틀에 박힌 대학생활에는 맞지 않는 녀석이라는 것을 알았다. 아들을 맞지도 않는 틀에 억지로 맞추려고 하는 대신 도박을 해보라고 한 것이다. 도박은 들어맞았고, 아들은 중국에서 철이 들었다. 세상 물정에 눈을 뜨고 성숙해졌다. 아버지의 현명한 선택이 아들의 삶을 바꿔놓은 것이다.

빌 게이츠는 틀에 박힌 길에서 벗어나 성공한 가장 모범적인 사례들 가운데 한 명일 것이다. 그는 하버드대 3학년 때 부모를 찾아가 한 학기를 휴학하고 마이크로소프트를 창업하겠다고 했다. 오랜 친구인 폴 앨런과 함께 앨버커키에 세울 작은 소프트웨어 회사였다. "충격적인 말이었습니다." 그의 아버지 빌 시니어는 내게 이렇게 말했다. 그러면서도 한 학기 쉰다고 아들의 장래가 크게 잘못되지는 않을 것이란 생각을 했다는 것이다.

빌 게이츠는 한 학기 휴학 뒤 하버드로 복학했다. 하지만 불과 몇 달 만에 폴 앨런이 그를 회사로 급하게 도로 불러들였다. "아버지, 어머니." 빌은 부모를 찾아가 이렇게 말했다. "앨버커키로 돌아가야 되겠습니다. 하버드로 다시 돌아오기는 하겠지만, 지금 당장은 회사에서 저를 필요로 합니다."

충격적인 말을 들었던 당시를 회고하며 그의 아버지는 이렇게 말했다. "그 순간 우리가 가진 이해력이 몇 배로 커졌습니다. 우리는 전통주의자였습니다. 아이들 키우면 대학은 졸업시켜야 한다는 생각을 갖고 있었지요. 그런데 아들 녀석은 대학 졸업할 생각이 없는 게 분명해 보였고, 그렇다고 우리가 어떻게 해 볼 여지도 전혀 없었어요."

하버드를 중퇴하고 35년 만인 2008년에 빌 게이츠는 졸업식 축사를 하기 위해 모교로 돌아왔고, 그 자리에서 명예박사학위를 받았다. "아버지, 하버드로 돌아와 학위를 받겠다고 제가 분명히 말씀 드렸잖아요." 그는 이렇게 말했다. 다만 그는 다른 사람들에 비해 우회로로 많이 돌아왔을 뿐이다.

그렇다고 대학을 때려치우라는 게 내 말의 요점은 아니다! 전통적인 길이 항상 최선의 길은 아니라는 말을 하려는 것이다. 어떤 길이 자기에게 맞지 않는다고 생각되면 선택의 폭을 넓혀서 다른 길을 시도해 보도록 하라. 시간이 더 걸릴 수도 있고, 당초 예상했던 것과 다른 방향으로 나아갈 수도 있을 것이다. 하지만 그렇게 하는 여행 자체가 기쁨을 가져다 주고 성취감을 안겨 준다.

5

정직

올바른 일을 하라

시스템의 부정직성이 부른 금융위기

정직하다는 게 무슨 뜻일까? 언론 보도를 보면 정직하지 않은 사람들의 사례들은 수두룩하게 많다. 금융 시스템이 붕괴 직전까지 간 2008년에는 시스템 자체가 정직성이 결여되었다는 말들을 했다. 금융 시스템이 여러 해 동안 아무런 원칙도 없이 작동되어 왔기 때문이다. 차입자본 비율이 40 대 1까지 가고, 주택가격이 계속 오를 것이라는 비현실적인 기대감이 넘쳐난 것 등이 대표적인 예다. 1990년대의 닷컴 붐도 비슷한 예다. 투자자들은 닷컴 이름이 붙은 기업만 보면 무조건 돈을 쏟아부었다. 당시 CNBC에서는 '기업 가치 따져 보기'라는 프로그램을 통해 내 동료인 데이비드 파버가 여러 기업의 시장 가치를 분석했다. 예를 들어 조 슈모의 피자플레이스닷컴과 포드자동차도 비교분석했다. 포드자동차가 하는 사업이나 기업가치는 실질 이윤과 캐시플로에 기반을 둔 반면, 조 슈모의 피자플레이스닷컴은 소득도 이익도 없었다. 그런데도 오직 '조회수'만 바탕으로 시가총액이 포드자동차를 능가했다. 하지만 이런 사업에는 진실성과 정직성이 결여되어 있다. 사물의 핵심적인 가치를 보지 못하는 사람들에 의해 사업이 진행된 것이다.

어떻게 하면 어떤 상황 아래서도 핵심적인 가치를 전면에, 그리고 중심에 유지할 수 있을까? 한 가지 방법은 도덕성의 모델이 될 만한 사람들의 가르침을 받는 것이다. 시아버지이신 사울 스타인버그께서 우리 부부에게 주신 최고의 선물 가운데 벤저민 프랭클린의 덕목을 적은 은테 액자 두 개가 있다. 프랭클린은 어떻게 하면 도덕적인 삶을 살 수 있을지에 대해 추상적이 아니라 살아가면서 부딪치는 실질적인 문제들을 통해 제시한다. 그는 열세 가지의 덕목을 정한 다음 이를 하나하나 실천해 나갔다. 단순 명료하면서도 사실상 우리가 살아가면서 만나게 되는 거의 모든 일들이 여기에 망라되어 있다. 무엇보다도 중요한 것은 지금 우리가 살아가는 데도 모두 적용 가능한 덕목이라는 점이다.

절제 과식과 과음을 하지 않는다.

침묵 다른 사람이나 자신에게 유익하지 않은 말은 하지 않는다. 쓸데없는 말을 삼간다.

규율 모든 물건은 제자리에 놓는다. 할 일은 반드시 제때 한다.

결의 해야 할 일은 실행하기로 결심한다. 결심한 일은 반드시 실행에 옮긴다.

검소 다른 사람과 자신에게 유익한 일만 하고, 낭비하지 않는다.

근면 시간을 헛되이 쓰지 않는다. 언제나 유익한 일에 힘을 쏟는다. 불필요한 행동을 하지 않는다.

정직 남에게 해가 되는 거짓말을 하지 않는다. 바르게 생각하고 말한다.

정의 남에게 피해를 입히거나 자신이 마땅히 해야 할 일을 소홀히 하는 잘못을 범하지 않는다.

중용 양극단을 피한다. 어떠한 경우에도 분노를 나타내지 않는다.

청결 몸과 의복, 주변을 불결하게 하지 않는다.

평정 사소한 일이나 단순한 사고, 부득이한 일에 마음이 흔들리지 않는다.

정절 잠자리를 절제하되 건강과 자손을 위하여서만 갖는다. 자신

이나 남의 평안이나 명성을 흐리고, 해를 끼칠 잠자리는 갖
지 않는다.

겸손 예수와 소크라테스를 본받는다.

벤저민 프랭클린은 자신이 만든 덕목 프로젝트를 철저히 실행에 옮
겼다. 그는 이 덕목들을 추상적인 개념으로 생각하지 않았다.

스스로 윤리 규범을 지켜라

하버드 MBA 서약

정직은 그저 나쁜 짓을 하지 않는 게 아니라 옳은 일을 행하는 것이다. 주위의 사람들을 잘 배려하고, 커뮤니티에 도움이 되는 일을 하는 것이다. 개인적인 삶을 잘 살고 조직 내에서 올바른 생활을 함으로써 모범을 보이는 것을 말한다.

정직하다고 해서 실패하지 않는다는 보장은 없지만 정직하면 유리하다. 사람들은 믿을 수 있는 사람, 정직한 사람과 함께 일하고 싶어 하기 때문이다.

정직은 자연스러운 본능이다. 여러분이 중대한 결정을 내려야 하는 기로에 놓이게 되었을 때, 무엇이 올바른 길인지 제시해 주는 게 바로 이 정직의 본능이다.

나는 여러 해 동안 경제계와 정부의 많은 지도자들과 인터뷰를 했는데, 자신의 개인적인 명예를 중시하는 사람은 언제나 기억에 남는다. 내가 생각하기에 이들은 자기들이 일하는 분야의 소리 없는 영웅들이다. 예를 들어 나는 뱅가드의 창업자인 잭 보글이 일반 투자자들을 위한 투자 툴을 개발하기 위해 끊임없이 노력하는 것을 보고 큰 감명을 받았다. 그는 인덱스 펀드를 개발했는데, 이는 일반 투자자들에게 보다 좋은 상품을 보다 나은 가격으로 제공하기 위한 투자 툴로 만든 것이다.

찰스 슈워브는 사업을 하면서 평생 가슴에 품은 원칙이 정직이었다. "고객들에게 진실을 이야기하는 한, 고객들은 일이 잘못 되더라도 여러분께 돈을 지불합니다." 그는 내게 이렇게 말했다. 그는 항상 이 원칙을 믿었다. 정직에 대한 이러한 가르침은 자기 아버지 밑에서 배운 것이었다. 어렸을 때 그는 사업에 성공해서 돈을 많이 벌고 싶다는 생각을 했다. 하지만 막상 시작해 보니 사업을 하면서 정직이라는 원칙을 지키기가 어렵다는 것을 알았다. 비즈니스 스쿨을 졸업한 다음 그는 금융 애널리스트로 일자리를 얻었는데, 일을 시작한 지 불과 일 년 만인 1962년에 증권시장이 대폭락을 겪었다. 고객들이 당하는 고통을 보다 못한 그는 그들을 돕기 위해 팔을 걷어붙이고 나섰다. 그는 보스를 찾아가 이렇게 말했다. "우리 고객들 모두가 폭락장에서 큰 손실을 입었습니다. 그들의 입장을 이해해야만 합니다. 이번 분기에는 고객들에게 수수료를 물리지 말도록 합시다."

그는 당시를 이렇게 회고했다. 그 말을 들은 보스는 30초 정도 말없이 가만히 있더니 "자넨 해고야"라고 하더라는 것이었다.

결혼했고 애까지 딸렸는데 집에서 놀자니 괴로웠다. "그래서 바로 이튿날 회사로 찾아가서 머리를 조아리고는 '제발 다시 일하게 해주십시오' 라고 부탁했지요."

복직이 되었고, 그는 사업에 이득이 되는 것과 고객에게 이득이 되는 것 사이에서 계속 갈등을 겪으며 일했다. 그는 고객에게 투자를 권유할 때 자기 아버지한테도 투자하라고 권할 만한 상품인가를 기준으로 삼았다고 했다. 그는 1974년에 가족과 친구들이 투자한 돈을 가지고 직접 디스카운트 브로커 업을 시작했다. 자기가 지키는 원칙에 바탕을 둔 회사를 시작한 것이다.

그와 몇 차례 인터뷰할 기회가 있었는데, 자신이 가진 핵심 철학에 흔들림이 없는 사람이라는 인상을 받았다. 2009년 시장붕괴의 와중에 만났을 때도 그는 자기 회사를 믿고 찾아온 고객들을 돌보는 게 우선순위의 첫번째라고 재삼 강조했다. "투자자들은 잃어버린 십 년을 지나 왔습니다." 그는 이 점을 인정했다. "하지만 우리는 앞으로 십 년은 어떻게 하면 투자자들에게 보다 나은 기회를 제공할 수 있을까에 대해 생각해야 합니다."

어려운 시기에도 사람들이 그를 신뢰하는 것은 그가 평생 정직이라는 원칙을 쌓아왔기 때문이다.

금융 위기를 통해 얻은 긍정적인 결과를 한 가지 소개하자면 비즈니스에서 정직을 지킨다는 게 어떤 의미를 갖는지에 대해 전국적인 대화의 장이 열렸다는 사실이다. 그러한 대화는 비즈니스와 업계의 미래 지도자들이 교육을 받고 있는 여러 학교에서 열렸다. 그 학생들 중 일부는 앞으로 거액의 보수를 받는 일자리를 얻게 되겠지만 이제는 이들이 갖고 있는 동기가 바뀌고 있으며, 보수의 많고 적음과 상관없이 선택의 폭이 다양하게 넓어지고 있다. 2009년 봄에는 하버드의 MBA 과정 학생들이 졸업할 때 자발적으로 하는 'MBA서약'을 만들었다. 이 서약은 업무와 개인적인 차원에서 정직을 실천하면서 지킬 핵심적인 내용들을 담고 있다.

● 나는 최대한 정직하게 행동하며, 윤리적인 방법으로 업무를 수행하겠다.

● 내가 맡은 주주, 동료, 고객과 우리가 사는 사회의 이익을 지키겠다.

● 내가 맡는 기업을 성심을 다해 돌볼 것이며, 나의 편협한 야망을 추구함으로써 기업과 사회에 해를 끼치는 결정이나 행동을 하지 않겠다.

● 나는 자신과 내가 일하는 기업의 행동을 지배하는 정신과 규정, 계약을 이해하고 준수하겠다.

● 자신의 행동에 책임을 질 것이며, 내가 맡은 기업의 실적과 위험을 정확하고 정직하게 알리겠다.

● 자신은 물론 내가 지휘하는 모든 관리자들의 발전을 위해 노력하겠으며, 그리하여 우리가 하는 일이 계속 성장해서 사회의 발전에 기여하도록 하겠다. .

● 전 세계가 경제, 사회, 환경적인 면에서 지속적인 성장을 누릴 수 있도록 노력하겠다.

● 나와 동료들은 이 서약을 준수하며 살도록 함께 노력해 나가겠다.

그저 말로만 하는 윤리 서약에 그치는 게 아니다. 이 서약에 서명하는 것은 새로운 세대의 지도자들로 하여금 비즈니스 방식을 바꿀 행동규약을 따르도록 하는 효과를 가질 수 있다.

더러운 손으로 남을 심판하지 말라

엘리엇 스피처 검찰총장의 경우

공적으로 옳은 일만 하고, 남을 심판하는 위치에 있는 사람이 놀랍게도 너무도 추잡한 스캔들에 휩싸이는 것을 자주 본다. 예를 들어 뉴욕주 주지사 엘리엇 스피처는 매춘부와 밀회를 해온 사실이 들통나 헤드라인을 장식했다. 하지만 그가 사람들의 분노를 산 더 큰 이유는 그가 과거 뉴욕주 검찰총장으로서 사람들의 눈에 부정한 일은 손톱만치도 하지 않는 깨끗한 공직자라는 이미지로 비쳐져 왔기 때문이다. 그는 행크 그린버그나 뉴욕증권거래소 CEO 딕 그라소 회장 같은 사람들을 지나치다는 말을 들을 정도로 가혹하게 다루었다. 마치 복수의 화신처럼 판사, 배심원, 법 집행자 역할을 한꺼번에 하려는 것처럼 행동했던 것이다. 그는 자기가 수사하는 그린버그와 그라소 같은 사람들에게 굴욕을 안겨주려고 했다. 그는 친구가 많지 않았지만 친구라고 봐주는 사람이 아니었으며, 매사를 옳고 그름에 따라 확연하게 나누었다. 모든 것을 한순간에 날려 버린 섹스 스캔들에 휩싸이기 전까지는 그랬다.

스피처가 행크 그린버그를 수사할 당시 나는 어떤 파티에서 존 화이트헤드 부부를 우연히 만났다. 당시 74세인 존은 로어맨해튼개발공사LMDC 회장으로 오래 전부터 커뮤니티를 위해 활동을 많이 해왔다(지금은 세계무역센터 추모재단 회장이다). 그가 월스트리트 저널 오피니언 난에 스피처 검찰총장으로부터 철저한 추적을 당하는 행크 그 린버그 회장을 옹호하는 칼럼을 쓴 직후였다. 그가 불만을 표시한 요 지는 스피처가 행크를 실제로 단 한건의 기소도 이루어지기 전에 언 론 플레이를 통해 미리 기소하고 재판하고 있다는 것이었다. 존은 그 건 잘못이라고 했다. 나도 스피처가 공개석상에서 행크 이야기를 하 면서 '사기' 라는 단어를 쓰는 걸 보고 어리둥절한 기분이 든 적이 있 었다. 그가 사기죄를 저질렀다는 증거는 하나도 나오지 않은 시점이 었다. 일단 검사가 그런 말을 내뱉고 나면 일반 사람들의 인식은 그 말을 토대로 형성이 되기 때문에 손상된 이미지를 되돌리기는 대단히 어렵다.

파티에서 존은 나를 한쪽으로 데려가서 이야기를 계속했다. 우리는 자기가 오피니언 난에 그 글을 쓴 뒤의 반응들을 놓고 이야기를 나누 었는데, 스피처 본인으로부터도 전화를 한 통 받았다고 했다. 그는 그 글 때문에 심한 충격을 받은 상태였고, 노발대발하며 전화에서 고성 을 질러댔다고 했다. 그는 '이건 전쟁이야!' 라며 '먼저 방아쇠를 당긴 것은 당신이야!' 라고 존에게 소리를 질렀다. 절대로 가만두지 않겠으 며, 오피니언 난에 두 번 다시 글 쓰고 싶은 마음이 들지 않도록 만들 어 주겠다는 말까지 했다는 것이다.

존이 그런 일을 당하고 얼마나 황당했을지 눈에 선했다. 나도 화가 나서 방송에서 그 이야기를 했고, 나중에는 존 본인도 그 이야기를 글 로 썼다. 그러자 여러 사람이 스피처한테 당한 이야기를 털어놓았다.

엘리엇 스피처가 비밀리에 매춘부를 상대한 이야기가 공개되자 사 람들이 제일 먼저 보인 반응은 도저히 못 믿겠다는 것이었다. 어떻게 그처럼 깨끗한 이미지를 가진 사람이 그런 진흙구덩이 속으로 빠져들 수 있단 말인가? 하는 식이었다. 그는 여러 해 동안 감쪽같이 사람들의 눈을 속였던 것이다.

드러난 스피처의 사생활은 끔찍하기 짝이 없는 것이지만, 그가 그동안 정의의 화신처럼 행동하지 않았더라면 그렇게까지 망가지지는 않았을지 모른다. 그가 추락하는 것을 보고 누구 한 사람 그를 구하기 위해 달려오거나 그를 변호하려고 나서는 사람이 없는 것 같았다. 나는 그가 자신을 백기사로 자임하고 숱한 사람을 파멸로 내몰면서, 자신이 구원받을 가능성을 스스로 없애 버렸다는 생각을 지울 수가 없었다.

그의 몰락을 보고 여론조사 전문가인 존 조그비는 허핑턴 포스트에 통찰력이 번뜩이는 글을 한 편 썼다. "스피처는 자신의 조준경 십자선에 걸린 사람의 고통을 당해 본 적이 없는 사람이다." 그러고는 이렇게 썼다. "그는 일단 목표물을 정하고 나면 인정사정 없이 몰아붙이는 사람이다. 스피처는 단 한번도 누구를 용서해 본 적이 없기 때문에 절대로 용서를 구할 자격이 없는 자이다."

뉴욕증권거래소 임원을 지낸 켄 랭곤은 스피처가 딕 그라소를 수사하면서 수사 대상에 함께 올렸던 인물이다. 그는 스피처가 위선적인 행동을 했기 때문에 그런 비판을 받아 마땅하다고 했다. 랭곤은 CNBC와의 인터뷰에서 이렇게 말했다. "그자는 훌륭한 평판을 받아 마땅한 사람들의 명예를 훼손했습니다. 그가 사람들에게 가한 짓을 보세요. 나는 아직 멀쩡하니 괜찮습니다. 하지만 그가 얼마나 많은 사람의 명예를 망가뜨려 놓았습니까. 우리 모두 자신의 지옥불을 안고 삽니다. 나는 그 사람의 지옥불이 제일 뜨거웠으면 좋겠어요."

탐욕이 낳은 고액 보너스

넬 미노, 잭 윈돌프

어렸을 적에 나는 아버지가 운영하는 레스토랑 주위에서 놀며 돈벌이에 대한 기본적인 지식을 제법 익혔다. 아버지가 벌어들이는 수입은 손님들에게 제공하는 것과 직접적인 연관성이 있었다. 아버지는 정성을 다해 최고의 음식을 내놓으셨고, 그렇게 해서 손님들에게 만족스럽고 가격도 적당한 식사를 제공한다는 명성을 쌓으셨다. 그날의 매상은 아버지가 그러한 목표를 얼마나 달성했는지를 가늠해 볼 수 있는 하나의 판단 기준이 되었다. 결과는 즉각즉각 나타났다. 잘하면 보상을 받고, 잘못하면 보상을 받지 못하는 것이었다.

나는 우리들 대부분이 우리가 버는 것은 우리가 하는 일의 성적과 관련 되어 있다는 기본적인 생각을 배우면서 자랐다고 생각한다. 경영진이 받는 보수를 놓고 그토록 뜨거운 논란이 벌어지는 것도 바로 이런 이유 때문이다. 대부분의 사람들은 보수가 자신의 업무 성과와 직접적으로 연결되어 있고, 그래서 열심히 일한다. 그런 사람들은 도산하는 기업의 중역들이 보너스로 수천만 달러씩 챙겨서 나간다는 말을 들으면 부정적인 반응을 보이는 게 당연하다. 그 기업들이 납세자들이 내는 돈으로 지원을 받는 경우에는 특히 더할 것이다. 내 프로를 보는 어떤 시청자는 내게 "우리는 말입니다. 운영하는 회사가 망해서 문을 닫으면 보너스를 단 한푼도 못 받습니다"라고 했다.

원칙적으로 나는 정부가 나서서 기업 임원들의 보수에 상한선을 두는 게 옳다고 생각한다. 이런 일은 정부가 해주어야 한다. 나는 자유시장을 신봉하지만, 임원들의 보수를 둘러싼 논란은 금융 시스템이 제대로 굴러가도록 건강한 견제작용을 한다고 믿는다. 그리고 모든 업계 지도자들에게 책임감이 얼마나 중요한지에 대한 하나의 경종이 될 수 있을 것이다.

미국은 기회의 땅이기는 하지만, 그 기회가 돈을 챙겨서 도망가는 기회를 말하는 것은 아니다. 어려움에 처한 기업에서 일하는 능력이 떨어지는 2류 거물들이 엄청난 보수를 챙긴다면, 훌륭한 사람이 되기 위해 열심히 노력하는 아이들에게 뭐라고 할 것인가? 보수라는 게 능력과 업적에 따라 주어지는 게 아니라면 도대체 뭐란 말인가? 범죄를 저지른 자에게도 보너스를 주는가? 탐욕은 좋은 것인가? 물론 그렇지 않다. 그렇다면 보수를 둘러싼 논란에서 우리가 얻을 수 있는 교훈은 무엇일까?

하지만 금융계의 중역에 대해 무조건 똑같은 비난을 퍼붓는 경향은 잘못된 것이다. 내가 아는 사람 중에서 AIG에서 일하며 보너스로 3000달러를 받은 사람이 있다. 회사에서 발표한 보너스 대상자 명단에 그의 이름이 올라 있었다. 그런데 하루는 창문으로 집앞을 내다보니 피켓을 든 시위자들과 카메라를 든 사람들이 몰려와 있었다. 그는 가족들과 함께 며칠이나 집안에서 꼼짝도 못하고 갇혀 지내야 했다. 그는 기업의 탐욕을 비난하는 선전 포스터에 등장할 만한 인물은 아니지만, 그가 당한 일은 일반 사람들의 분노가 얼마나 심각한지 보여주는 사례였다.

정직이 최선의 정책이다

앨런 그린스펀, 켄 레이, 제프리 스킬링

다른 어린이들과 마찬가지로 나도 어렸을 적에 부모님과 내가 다니던 가톨릭학교 수녀님들로부터 거짓말은 절대로 하면 안 된다는 말을 귀에 못이 박히도록 들었다. 친구들은 숙제를 마쳤는지, 심부름을 제대로 했는지와 같은 것으로 거짓말을 했는데, 그때 나는 거짓말이 어린아이들에게나 해당되는 죄라고 생각했다. 거짓말은 가톨릭 교회 용어로는 소죄小罪에 해당된다.

어린이들의 경우에는 항상 진실만을 이야기하는 게 최선의 정책이라는 말을 하는 사람들이 있다. 복잡한 어른들의 세계에서는 사정이 조금 달라진다는 뉘앙스다. 이런 말을 하는 사람들도 있다. "정직은 최선의 정책이다. 더 나은 정책이 나오기 전까지는."

앨런 그린스펀이 자기는 의회 청문회에 나가서 답할 때 일부러 어물어물한다고 솔직하게 털어놓는 것을 보고 놀란 적이 있다. 그는 그것을 'FED 어법'이라고 불렀다. "일부러 어물거려서 대답하기 곤란한 질문이 나오지 못하도록 막는 것이지요." 그는 이렇게 말했다. "의원이 어떤 질문을 했는데 '노 코멘트'나 '그 질문에는 대답하지 않겠습니다'와 같은 말은 하지 않는 게 좋습니다. 들어도 무슨 말을 하는지 종잡을 수 없도록 네댓 마디 웅얼거리는 것이지요. 그러면 그 의원은 내가 그 질문에 대답을 했다고 생각하고 다음 질문으로 넘어갑니다."

그린스펀이 쓴 수법은 정가에서는 유용하게 쓰이는 기술로 '클레버 발리'라고 부른다. 자기가 하는 말의 뜻을 곰곰이 생각해 보도록 공을 듣는 사람에게 넘기는 것이다. 그린스펀의 경우는 그가 하는 말 한마디 한마디가 시장 움직임에 영향을 미치기 때문에 모호한 답변을 할 필요성도 어느 정도 있었다. 어떻게 보면 전 세계적으로 제일 중요한 기관의 장이었기 때문에 그럴 만도 했다.

하지만 대부분의 경우 진실을 흐릿하게 만드는 것은 좋은 비즈니스 관행이 되지 못한다. 그것은 미끄러운 경사면을 타는 것처럼 위험한 짓이다. 자기 자신에게든 다른 사람에게든 영원히 거짓말을 할 수는 없다. 엔론이 자기들은 아직 튼튼하다고 모든 사람이 믿도록 만들고 있을 때 나도 현장을 지키고 있었다. 그들은 수십억 달러의 부채가 있다는 사실을 숨겼고, 회사가 가라앉는 와중에도 장미꽃 향기를 풍겼다. 철저히 조작된 거짓말을 한 것이었다. 하지만 결국에는 버티지 못했다. 진실이 밝혀졌고, 엔론의 간부들은 회계조작에 가담한 죄로 집단 기소되었다. 켄 레이는 20년에서 25년의 징역형이 예상되었으나 심장마비로 갑자기 숨을 거두었다. 제프리 스킬링은 24년 징역형을 선고받았다. 많은 사람들이 캐시 플로는 거짓말을 하지 않는다는 말을 한다. 따라서 어떤 기업의 약점을 찾으려면 얼마든지 조작 가능한 수입이나 수익이 아니라, 반드시 캐시 플로를 살펴봐야 한다. 캐시 플로는 기업의 재정 건전성에 관해 거짓말을 하지 않는다.

입사할 때는 정직한 회사를 고르도록 하라. 열린 대화를 권장하고, 반대 목소리를 받아들일 줄 아는 사람들과 함께 일해야 한다. 거짓말은 아무리 사소한 것이라도 바이러스처럼 번지고 커진다는 사실을 명심해야 한다.

남을 배려하라

너그러운 리더 잭 웰치

존경하고 닮고 싶은 사람들을 생각하면 그들의 어떤 점이 먼저 떠오르는가? 내 경우에는 열린 자세와 너그러운 마음씨가 먼저 떠오른다. 나쁜 짓을 해서 일시적으로 성공을 거둔 사람들이 많다는 건 사실이다. 하지만 그런 사람들은 아무리 많은 부와 거창한 직책을 거머쥐더라도 입지가 불안한 경우가 대부분이다. 진정으로 성공한 사람들은 훌륭한 인격자들이다. 그들은 타인을 배려하고 다른 사람에게 충고와 지원을 아끼지 않는다.

자기가 올라가려고 다른 사람을 끌어내리는 짓을 해서는 안 된다. 좋은 성과를 내서 자기가 일하는 분야에서 최고가 되려고 하는 것은 당연한 일이지만, 그걸 위해 경쟁하는 상대를 죽이려 들어서는 안 된다. 자신이 가진 능력에 집중하고, 스스로 자격을 갖추어 나가도록 해야 한다. 자신의 가치를 스스로 드러내 보이도록 하자. 나는 이런 원칙을 지키며 살아왔다.

잭 웰치는 내게 이런 말을 했다. "지도자로 성공한 사람들의 가장 훌륭한 점은 하나같이 너그러움의 유전자를 갖고 있다는 점이었어요. 그들은 자기가 맡고 있는 사람들이 성장하는 것을 기쁜 마음으로 지켜봅니다. 그 사람들이 승진하고 봉급이 인상되면 좋아합니다." 그 말은 진심이었다. 그가 직원들에게 너그럽게 대한다는 것은 우리 회사내에서 전설처럼 전해져 내려오는 이야기이다. 나는 잭에게 이렇게 물어보았다. "직원들에게 잘해 주려면 돈이 필요할 텐데, 그럴 여유가 없으면 어떻게 합니까?"

"좋은 질문이오." 그는 이렇게 대답했다. "작은 규모의 회사라면 가족처럼 친밀하게 지내면 되지요. 큰 주문이 들어왔다면 피자파티를 열 수도 있을 것이고, 크고작은 축하파티야 얼마든지 자주 할 수 있지요. 보상을 한다고 반드시 메르세데스 자동차나 스톡옵션 같은 큰 선물이 필요한 것은 아닙니다. 팀이 일을 잘하면 그걸 인정해 주는 것만으로도 큰 힘이 됩니다." 그는 고교시절 하키팀 주장을 맡고, 대학에서 하키선수로 뛰면서 이런 교훈을 배웠다고 했다. "팀원들 사이에 이기고자 하는 열망, 그리고 이겼을 때는 모두가 승리의 기쁨을 함께 나누고 싶어 하는 열망이 엄청나게 크다는 것을 알았지요." 그는 이렇게 말했다. "나중에 사업을 하면서도 자연스럽게 그때처럼 하게 되었어요."

아주 간단한 가르침이다. 올바른 일을 하고, 남을 배려하고, 경쟁상대를 죽이려 들지 말고, 팀 전체를 생각하라. 이러한 가르침이 몸에 밴다면 여러분은 어떤 곳에서든 사랑받고 성공한 사람이 될 것이다.

잘못을 감추려고 하지 마라

데이비드 닐먼

실수는 누구나 한다. 성공으로 가는 길목에서 실수 몇 가지도 안 할 수는 없다. 하지만 자기가 한 실수에 대해 책임을 짐으로써 문제를 풀어나갈 수가 있다. 자신의 잘못을 인정한다는 건 쉬운 일은 아니지만 아주 유용한 도구이다. 나는 기꺼이 내가 한 잘못을 인정한다. 당당히 일어서서 "그건 제 잘못입니다. 제가 그랬어요"라고 말한다. 그렇게 하면 마음이 가벼워지고 힘이 솟아난다. 그렇게 하면 자기는 완벽하며, 아무것도 잘못한 게 없고, 잘못은 다른 사람이 저지른 것이라고 떠넘기는 데 허비하는 엄청난 에너지 소모도 막아 준다.

2007년 밸런타인 데이에 불어닥친 우박을 동반한 폭풍과 연이은 대통령의 날 주말에 제트블루 에어웨이 항공이 잘못된 결정을 잇따라 내리는 바람에 승객 수천 명의 발이 묶였고, 10시간 가까이 이 공항 저 공항으로 끌려다닌 승객도 부지기수였다. 웬만한 최고경영자들이라면 "우리도 어떻게 할 수 없는 통제불능의 상황이 발생했다"며 의례적인 변명을 늘어놓았을 것이다.

하지만 데이비드 닐먼은 그렇게 하지 않았다. 그는 사람들 앞에 나서서 공개적으로 사과했다. 내가 진행하는 프로에도 나왔고 라디오, 데이비드 레터맨 쇼, 투데이 쇼에도 나와 사과했고 여러 신문에 전면 사과광고를 내고 자사 홈페이지에도 사과문을 올렸다. "너무도 죄송해서 몸둘 바를 모르겠습니다." 닐먼은 이렇게 말했다. "여러분은 우리한테서 이보다 훨씬 더 나은 대우를 받아야 하는데, 우리가 실망시켜 드렸습니다."

그가 이처럼 진심에서 우러나오는 마음으로 즉각적인 조치를 취하고, 잘못을 즉시 바로잡겠다고 약속한 것은 장기적으로 이 회사에 대한 신뢰를 키우는 데 기여할 것이다.

변화를 받아들여라

러시아의 교훈

　　나는 2009년 6월에 CNBC 일로 러시아로 출장을 갔다. 처음 행선지는 모스크바였는데 붉은광장에서 클로징 벨 생방송을 진행한 다음 드미트리 메드베데프 대통령과 인터뷰를 하기로 되어 있었다. 그러고 나서는 상트페테르부르크로 가서 그곳에서 열리는 국제경제포럼에 참석할 예정이었다.

　　비행기를 타고 가는 동안 내내 불과 몇 년 전만 해도 이런 일은 불가능했을 텐데 하는 생각을 멈출 수가 없었다. 러시아 주최로 글로벌 경제포럼이 열리고, 러시아 대통령이 나와 마주앉아서 세계 경제의 미래에 대해 공개 대화를 하게 되리라고는 정말 상상도 못했다. 러시아의 변화는 내가 목격한 것 중에서 가장 강력한 변화의 힘을 보여준 것이고, 적응력의 필요성을 보여준 가장 좋은 사례였다.

　　우리는 러시아에 가서 할 일을 세세하게 미리 계획했다. 뉴욕에서 러시아 대사관 관계자들과 사전 인터뷰까지 했다. 양측 모두 긴장했고, 꼭 첫 데이트를 준비하는 것 같은 분위기였다. 두 나라 모두 서로 아주 편한 사이는 아니었다. 적대적이었던 오랜 역사를 의식하며 양측 모두 신중하게 한발 한발 일을 진행했다. 붉은광장에서 클로징 벨을 진행하며 약간 오싹한 기분이 들었다. 어릴 적에는 붉은광장이 악의 세력의 중심지였다고 생각했다는 사실이 떠올랐기 때문이다. 그런 생각은 어느 정도 우리 혈관 속에 녹아들어 있다. 하루아침에 그게 마술처럼 싹 사라지게 만들 수는 없는 것이다. 하지만 마음을 열고 변화를 받아들인다면 더디더라도 그런 날은 온다.

　　미국인의 눈에 비친 러시아는 매혹적인 나라다. 아주 오래된 토대들을 갖추고 있으면서 현대화를 향해 과감한 발길을 내딛고 있는 나라가 러시아다. 이곳 사람들은 교육과 기술 수준이 높다. 이들과 이야기를 하거나 어떤 식으로든 의미 있는 교류를 해보면 이러한 사실을 금방 알 수 있다. 러시아는 교육 중에서도 특히 수학, 과학, 엔지니어링 분야에 중점을 두기 때문에 두뇌 면에서 어떤 나라든 한방에 날려 버릴 수 있을 것이란 생각이 든다. 과학자, 수학자에서부터 무용수, 체스 챔피언, 구글의 세르게이 브린 같은 사람들에 이르기까지 너무도 많은 천재들이 이 땅에서 자랐다.

그런데 왜 그렇게 많은 사람이 러시아를 떠났을까 하는 의문이 들었다. 경제적인 기회가 적다는 게 한 가지 이유가 될 수 있을 것이다. 러시아 경제는 신용위기와 유가하락이라는 더블 펀치를 얻어맞고 충격에서 헤어나지 못하고 있었다. 실업률도 높았다. 게다가 많은 이들이 러시아에 법치가 이루어지고 있는지에 대해 의문을 표시했다. 사람들은 러시아 정부가 게임 도중에 룰을 바꾸어 버리지 않을지 걱정했다. 투자가 빌 브라우더가 겪은 이야기가 보여주듯이 법치가 우롱당하면 러시아에 대한 외국인 투자에 악영향을 미칠 수 있다.

에르미타주 캐피털 매니지먼트의 CEO인 빌 브라우더는 한때 러시아에서 최대 투자자였다. 그는 자신이 러시아 정부를 상대로 겪은 일을 '카프카의 작품에나 나올 법한 이야기'라고 했다. 2007년에 내무부 관리들이 에르미타주사 사무실에 들이닥쳐서 서류와 컴퓨터, 인증서 등을 압수해 갔다. 당시 러시아 관리들은 그런 수법을 동원해 회사를 여럿 탈취했다. 그리고 이렇게 탈취한 회사를 통해 서류를 위조하는 수법으로 2억 3000만 달러에 달하는 세금을 자기들이 불법 환급받았다. 러시아 국민들이 낸 세금을 자기들이 가로챈 것이다. 브라우더는 그런 조직적인 사기행위는 러시아 정부 최고위층의 도움 없이는 불가능한 일이라고 내게 말했다. 지금까지도 이에 대해 공식적인 조사는 한번도 이루어지지 않고 있다. 브라우더는 러시아 언론에 이러한 사실을 알리려고 여러 차례 시도해 보았으나 여의치 않자 자신이 겪은 사연과 러시아에 투자하는 사람들에게 자제할 것을 당부하는 내용의 유튜브 동영상을 만들어 배포했다. 분명히 말하지만, 진정으로 기회의 땅이 되고 싶다면 러시아는 글로벌 기업들과의 거래에 방해가 되는 부패 악순환의 고리를 끊어내야만 한다. 메드베데프 대통령은 러시아가 변화하는 글로벌 경제에 적응할 자신이 있다고 했다. 그리고 러시아에 법치가 행해지고 있다고 믿으며, 러시아에 대한 외국인 투자도 권장하려고 노력 중이라 했다. 러시아 경제가 이러한 목표에 도달하기 위해서는 훨씬 더 많은 유연성을 발휘해야 할 것이다. 석유와 가스에 대한 의존을 줄이고, 기술과 같은 다른 성장 엔진에 대한 의존도를 늘려가야 한다는 말이다. 그래야 러시아 산업 전반에 근본적인 변화를 가져올 수가 있다.

새로운 세기의 두번째 십년대에 진입하면서 우리 앞에 놓인 과제는 우리가 과연 새로운 도전에 적응해 나갈 수 있을까 하는 것이다. 그건 국가나 기업 차원에서뿐만이 아니라, 개인적인 차원에서도 마찬가지다.

진정한 다윈주의자가 되라

변화에 적응하는 종種만이 살아남는다

찰스 다윈은 이렇게 썼다. "가장 강한 종種이 살아남는 것도 아니고, 가장 뛰어난 지능을 가진 종이 살아남는 것도 아니다. 살아남는 것은 변화에 가장 잘 적응하는 종이다." 이것이 바로 다윈주의의 핵심 주제다. 그리고 이것은 물리적인 환경에 적응하는 생물학적인 능력에만 관계되는 말도 아니다. 예를 들어, 내가 일하는 미디어 업계에서는 변화하는 환경과 예상치 못한 위기에 끊임없이 적응해 나가야만 한다. 오늘날 우리는 5년 전만 해도 감히 상상도 못했을 상황에 직면하고 있다. 진화하는 사람만이 살아남아 성장하게 될 것이다. 이것이야말로 정말 성공을 지속시키는 하나의 법칙이다.

덩치만 크고 구식인 공룡 비즈니스에 종사하는 사람들은 어려운 시기를 보내고 있지만, 그건 우리가 인간의 창의성을 위해 치러야 할 대가다. 나는 신문업계에서 일하는 사람들도 많이 아는데 최근 여러 해 동안 이들의 몰락을 지켜보는 게 너무 가슴 아프다. 뉴스에 종사하는 사람들은 정말 자기가 하는 일을 좋아한다. 지난해에도 유수의 신문들이 여럿 문을 닫아서 퓰리처상 수상자들까지 직장을 잃었다. 엄청나게 충격적인 일이지만 이 또한 충분히 예상할 수 있었던 일들이다.

하지만 이런 생각이 든다. 우리는 낡은 것에 갇혀 지낼 수도 있지만, 그와 마찬가지로 새로운 것에도 사족을 못 쓴다는 사실이다. 2000년 새해가 다가오면서 세기의 전환에 때맞춰 기술이 우리가 사는 사회를 크게 바꿔 놓을 것이라는 엄청난 기대감이 있었다. 변화를 받아들이려는 우리의 의지가 확고했기 때문에 새로운 세상에서 기술 붐은 당연한 일로 예상되었다. 예상은 들어맞는 것 같았다. 닷컴 억만 장자들이 줄지어 생겨났다. 사람들은 다니던 직장을 때려치우고 인터넷 회사를 세운다고 무리를 지어 몰려갔다. 그들은 빨리 성장하는 것은 지속가능성이 없다는 사실을 간과한 채 무턱대고 한쪽으로 몰려갔다. 두 발이 땅에서 떨어진 채 허둥대는 꼴이었고, 닷컴 붕괴가 닥치자 고통스러운 추락을 당하고 만 것이다.

진화가 주는 교훈은 변화가 반드시 필요하다는 사실만이 아니다. 뉴스 업계에서 보듯이 변화의 속도 역시 중요하다. 독자가 줄어들자 신문사 사주들은 신문 발행을 중단하는 대신 인터넷으로 달려갔다. 현명한 자들은 진화의 과정을 밟아 온라인 콘텐츠를 단계적으로 도입하기 시작했다. 고통스러운 과정이었고 성공이 보장된 것도 아니었다. 최종적으로 성공을 거두는 조직은 여러 해에 걸쳐 시간을 두고 콘텐츠를 효과적으로 독자들에게 전달할 수 있는 올바른 포맷을 만들어 내는 조직이 될 것이다. 이 경주에서는 슬로 앤드 스테디가 승리하게 되어 있다.

개인적으로 나는 항상 신기술에 뛰어들 수 있도록 스스로를 교육시킬 방법이 무엇인지 찾고 있다. 뉴스와 정보의 전달 과정을 강화시켜 줄 수 있는 방법을 찾고, 그렇지 못한 방법은 버리는 게 관건이다. 새롭다고 반드시 우수한 것은 아니라는 점을 명심하도록 해야 한다.

과거에 얽매이지 마라

노스탤지어 마비현상nostalgia paralysis

마크 에코는 대단히 성공한 젊은 기업인이다. 그가 운영하는 의류 및 라이프스타일 회사는 본사가 뉴욕시에 있는데, 젊은 세대의 패션과 스타일의 개념을 새롭게 바꾸어 놓았다. 그는 파격적이고 시대를 앞서가는 아이디어로 인해 수시로 뉴스의 인물이 되었다. 표현의 자유를 강조하기 위해 뉴욕시에서 대규모 야외 낙서전을 개최하고, 배리 본즈가 사상 최다 기록을 수립하며 날린 756번째 홈런 볼을 75만 2467달러에 사들이기도 했다. 그리고 전형적인 평등주의 사고의 소유자답게 웹사이트 방문자들을 상대로 본즈의 홈런 볼을 어떻게 처리하는 게 좋을지 의견을 물었는데, 조사에 응한 사이트 방문자가 1000만 명을 넘었다. 그렇게 해서 내려진 결론은 홈런 볼을 뉴욕주 쿠퍼스타운에 있는 명예의 전당에 보내라는 것이었다. 단 별표를 하나 해서 보내라는 의견이었는데, 본즈의 기록이 스테로이드의 영향을 받았을 가능성이 있음을 암시하기 위해서라는 것이었다.

마크는 내가 진행하는 혁신 관련 텔레비전 시리즈 프로에 출연한 적이 있는데, 그가 이야기하는 갖가지 아이디어들은 아주 재미있었다. 그가 이야기한 아이디어 가운데 노스탤지어 마비현상nostalgia paralysis이라는 게 있다. "내가 경험으로 배운 바에 따르면 과거에 얽매여서 미래를 희생시키면 안 됩니다." 그는 이렇게 말했다. "이것은 머리를 긁적이고, 눈알을 이리저리 굴리면서 '이런 일은 전에 해본 적이 없는데' 라고 생각하는 태도를 말합니다. 성공은 매력적인 여인과 같아서 겉모습만 보고는 속마음을 알기 어렵습니다. 마찬가지로 어떤 일을 지나간 역사적인 자료나 선례에 기초해 섣불리 판단하면 안 됩니다."

코닥의 경우처럼 어떤 기업이든 이 노스탤지어 마비현상의 희생물이 될 수 있다. 코닥의 CEO인 안토니오 페레스와 인터뷰할 때 그는 코닥을 디지털 시대에 적응시키는 데 어려움이 크다고 토로했다. 당시 코닥은 큰 위기에 처해 있었다. 그가 경영권을 넘겨받은 2003년에 코닥은 기반이 송두리째 흔들리고 있었다. 간부들 중에는 디지털로 이행하는 것 자체에 반대하는 사람들도 있었다. "우리는 그동안 필름을 만들어 팔면서 살아왔습니다." 그는 이렇게 말했다. "그런데 회사 안을 돌아다니며 '여러분 중에 집에 디지털 카메라를 갖고 있는 사람이 얼마나 되지요?' 라고 물었더니 처음에는 30%, 그러다가 40%, 50%, 60%로 점점 더 올라가는 것이었습니다. 그래서 나는 '이제 어쩔 수 없습니다. 변화하든가, 아니면 생존을 포기하는 것입니다' 라고 말했습니다."

그는 이렇게 말을 이었다. "직원들 가운데 3분의 1은 디지털로 옮겨 갈 준비가 되어 있었어요. 나머지 3분의 1은 필름이 갖고 있는 장점을 확대하는 데 회사의 앞날이 달려 있다고 확신하고 있었습니다. 그리고 나머지 3분의 1은 중간 입장을 취했어요. 나는 내 입장을 지지하는 직원들과 일을 해나갔습니다. 그 사람들은 강력한 비전을 만들어낼 준비가 되어 있는 사람들이었습니다." 그는 디지털로 전환하는 것 외에는 선택의 여지가 없다고 생각했다. 죽느냐 사느냐가 달린 문제였다. 결국에는 변화에 결단코 반대하던 사람들도 팀에 머물 것인지 아니면 떠날 것인지 결정할 수밖에 없게 되었다. 그는 만약에 디지털로 전환하지 않으면 남아서 일할 팀도 없다는 사실을 알고 있었다.

얼마 전에 내가 기금이사로 있는 뉴욕대의 한 위원회 모임에서 마티 립튼 위원장이 아주 현명한 생각을 이야기했다. 금융 시스템 혁신가로 명성이 높은 78세의 마티 위원장은 우리에게 이런 경고의 말을 해주었다. "이론 타령만 하다가 여러분을 둘러싼 사방에서 바람의 방향이 바뀌고 있다는 사실을 놓치면 안 됩니다." 나는 그의 말이 옳다고 생각했다. 위기에서 살아남고 성공하기 위해선 아무리 소중한 생각이라도 과감하게 버릴 줄 알아야 한다. 자기가 세우고, 자기 손으로 키운 기업인 경우에는 그렇게 하기가 특히 더 어려울 수 있다. 하지만 살아남기 위해선 그렇게 해야만 한다. 과거의 영광을 되찾겠다고 벼르는 사람들을 나는 숱하게 만난다. 그런 사람들은 옛날에 받은 우승 트로피들에 둘러싸인 채 그것들을 쓰다듬으며 사는 왕년의 고교시절 풋볼 스타와 다를 게 하나도 없다. 향수가 필요할 때도 있다. 옛날을 생각하면 즐겁고 기분이 좋아진다. 하지만 거기에 얽매여 있으면 안 된다.

배움을 멈추지 마라

오프라 윈프리, 잭 웰치

우리가 가진 지식 기반에는 허점이 많으며 그 허점을 메워 나가는 게 대단히 중요하다. 예를 들어 나는 경제학은 열심히 한 반면 역사 공부를 제대로 안 했다. 우리 남편은 독서

량이 많고 건국의 아버지들에 관한 각종 서적, 특히 자서전을 많이 읽는다. 남편과 대화를 하고 남편이 권하는 책을 읽으면서, 나도 그런 분야에 대해 배우게 되고 아울러 내 지식 기반의 허점을 메워 나가게 된다.

내 프로를 보는 시청자들도 마찬가지라는 것을 알게 되었다. 금융위기가 닥치기 전인 2008년 클로징 벨 시청자들의 주된 특징은 부유하고, 금융지식이 풍부하고, 순수입이 몇 백만 달러에 이르는 사람들이었다. 그 중의 다수는 전문적인 투자자들이었다. 하지만 위기가 닥치자 소득 수준에 관계없이 모든 계층의 사람들이 우리 프로를 보기 시작했다. 갑자기 우리 방송에 관심을 갖기 시작한 것이다. 그 사람들은 자신들의 삶이 시장에서 벌어지는 상황으로부터 큰 영향을 받는다는 것을 두 눈으로 보았기 때문에 시장에 대해 배우고 이해하려고 했다.

내가 오프라 윈프리를 좋아하는 여러 이유들 가운데 하나는 배움에 대한 열정, 그리고 배운 것을 시청자들에게 전달하려고 하는 열성이다. 그녀는 자기가 모르는 것이 있다는 사실을 인정하는 데 망설임이 없다. 내가 그녀의 프로에 나갔을 때 그녀는 조금도 망설이지 않고 아주 기초적인 문제들을 질문했다. "주식이 뭐예요? 나스닥이 뭔가요? 사회보장세 FICA가 뭐지요?" 그녀는 자신의 무지를 인정하는 데 주저함이 없었고 투자에 대해 배우려고 했다.

그녀는 이렇게 말했다. "우리 아버지는 툭하면 제게 '돈이 생기면 신발상자에 넣어두는 게 제일 안전하단다' 라는 말씀을 하셨어요. 그런 말을 들으며 자란 거지요. 처음 돈을 벌기 시작했을 때 나는 번 돈을 안전한 저축예금에 넣어두는 것 외에 다른 곳에 투자하는 것에 대해 겁이 났어요. 나는 항상 이런 말을 했답니다. '내 돈 어딨어요? 한번 보여

주세요!’ 이제는 많이 나아졌지만 지금도 계속 배우는 중입니다.”

오프라와 함께하는 시간은 정말 좋았다. 배우려는 자세를 가진 누군가와 함께 있는 것은 즐거운 일이다. 그녀가 성공한 핵심 비결은 자신을 보통사람의 자리에 놓고, 그들이 무엇을 원하고, 무엇을 알고 싶어 하는지를 이해하는 능력이라고 나는 생각한다. 모든 시청자들이 자기가 진행하는 프로를 보고 ‘오늘도 하나 배웠네’라는 생각을 갖도록 만드는 것이다.

우리가 그녀에게서 배울 점은 어떤 일에 종사하든 배우는 것을 멈추지 말라는 것이다. 이것은 간단하면서도 기본적인 가르침이다. 우리는 다른 사람에게서도 이런 자세를 기대한다. 의과대학을 졸업한 뒤부터는 공부와 담 쌓은 의사에게 병을 고치러 가겠는가? 최신 의학 지식을 꾸준히 습득해서 최상의 진료를 제공해 줄 의사라는 믿음이 서야 찾아갈 것이다.

나는 우리 방송의 모회사인 제너럴 일렉트릭GE의 교육방식이 정말 훌륭하다고 생각한다. GE는 사원들의 교육훈련비로 매년 10억 달러 넘는 예산을 쓴다. 교육을 담당하는 곳은 뉴욕주 크론토빌에 있는 GE 러닝 앤드 리더십 센터이다. 나도 운좋게 그곳에 가서 리더십 교육을 받은 적이 있는데 거기에서 배운 교육 방식은 내게 큰 도움이 되었다.

내가 생각하기에 배우는 즐거움의 최고 모델 가운데 한 명은 잭 웰치다. 그는 73세인 지금도 계속 배운다. “배움에 대한 목마름이 바로 성공의 열쇠입니다.” 그는 내게 이렇게 말했다. “우리는 매일매일 더 현명해져야 합니다. 나는 배움에 목이 마릅니다. 어디를 가든 그곳에서 사람들이 무슨 일을, 어떻게, 그리고 왜 하는지 알고 싶어 하지요.

세상에서 그것보다 더 짜릿한 일은 없습니다. 새로운 정보를 받아들이면 여러분 자신도 새롭게 됩니다. 배움을 통해 더 나은 자신을 만들어가는 것이지요."

1백 명의 멘토를 만들어라

잭 웰치, 아이린 로젠펠드

잭 웰치는 내게 멘토를 만들라는 현명한 충고를 해주었다. 처음에는 "멘토 한 명을 구하는 일은 세상에서 제일 바보 같은 짓입니다"라는 말을 해서 나를 놀라게 만들었다. 내가 놀라는 것을 보고는 웃으며 이렇게 덧붙였다. "한 명이 아니라 1백 명의 멘토를 구하라는 말입니다." 다양한 종류의 사람을 만나면 다양한 삶이 테이블 위에 올라오는 데 반해, 자기가 탄 차에 다른 사람 한 명만 태우면 아주 편협한 시야를 갖게 된다는 것이었다. 잭은 이렇게 말했다. "멘토 한 명만 달랑 있다고 칩시다. 그런 경우 그 멘토에게는 회사 안에서 적도 여러 명 있을 수 있겠지요. 어리석은 짓을 한 적도 있을 것입니다. 그런 부담을 안고 그 사람만 멘토로 삼을 것입니까? 가능한 한 멘토를 많이 둠으로써 여러 사람의 지혜를 모을 수가 있습니다. 사람마다 서로 다른 장점들을 갖고 있으니 그것들을 모두 다 이용하자는 것입니다."

크래프트 푸즈의 CEO 아이린 로젠펠드도 멘토에 대해 아주 훌륭한 통찰력을 보여주었다. 사무실 안팎을 가리지 말고 어디서건 멘토를 구하라는 것이었다. "멘토는 유쾌한 장소에서 만들어지는 경우도 자주 있습니다." 그녀는 이렇게 말했다. "내 최고의 멘토링 가운데 하나는 아주 신참이었을 때 크래프트 고위 임원이 참석한 사무실 밖 모임에서 만들어졌어요. 우리는 팀 단합대회에 참석해서 눈을 가린 채 정해진 시간 안에 로프의 매듭을 푸는 경기를 했습니다. 무슨 이유에선지 그분이 내가 그 시합에서 훌륭한 리더십과 창의력을 보였다고 생각했고, 이후 몇 년 동안 자기 직속 부서에 배치했어요. 그분은 지금까지도 나의 친구이자 가장 신뢰하는 어드바이저입니다."

나는 다양한 사람으로부터 인풋을 받는 게 좋다고 생각한다. 그러면 이 일은 어떻게 시작하는 게 좋을까? 우선 정보와 참고, 교육, 기타 여러 도움이 필요한 분야에 대해 목록을 작성한다. 그리고 새로 사람을 만날 때마다 그 목록을 채워 나간다. 그렇게 하다 보면 세월이 지나면서 멘토 목록도 채워져 나갈 것이다. 한 가지 명심할 점은 그저 이름만 적어 나가서는 안 되고, 실질적인 도움을 청하라는 것이다. 처음에는 차마 입이 떼지지 않겠지만, 대부분의 사람들이 기꺼이 도움을 주려고 한다는 사실을 알고 나면 한결 수월해질 것이다.

지식의 스펀지가 되라

아스펜 아이디어 페스티벌

사람은 목숨이 붙어 있는 한 뭐든지 배울 수 있다. 다른 사람의 지혜와 전문지식에서 무엇이든 배울 수 있다. 성공한 사람들은 스펀지처럼 새로운 정보를 빨아들인다. 대부분은 그렇지만, 그렇지 않은 경우도 더러 있다. 다음은 2009년 스위스 다보스에서 열린 세계경제포럼의 한 세션에서 직접 목격한 일화이다. 신기술에 대한 통제장치를 어떻게 마련할 것이냐를 주제로 한 유익한 세션이었다. 블라디미르 푸틴 러시아 총리가 마이클 델 회장과 함께 연단에 올랐다. 세션 도중에 델 회장이 푸틴 총리에게 이렇게 물었다. "각하, 우리는 러시아에서 사업을 더 확장하고 싶습니다. 우리가 어떤 도움을 드릴 수 있겠습니까?" 그러자 푸틴은 이렇게 대답했다. "우리는 당신의 도움이 필요 없습니다. 우리는 환자도 아니고, 정신활동에 문제가 있는 것도 아닙니다." 마이클 델 회장은 푸틴의 말에 큰 충격을 받았다. 나중에 그는 당시 푸틴의 손에 머리가 잘려 나가는 것 같은 아찔한 기분이었다고 털어놓았다. 푸틴이 그렇게 나올 줄은 전혀 예상 못했던 것이다. 러시아가 외부로부터 전문적인 기술의 도움이 필요할까? 물론 필요하다! 정말 강한 사람은 남에게 도움을 청하는 것을 두려워하지 않는다. 내가 업계에서 만난 진정한 지도자들은 대부분 스펀지처럼 가능한 한 많은 인풋을 빨아들이는 사람들이었다.

2009년에 아스펜 연구소가 주최하는 아스펜 아이디어 페스티벌에 초청을 받아 현장에서 클로징 벨을 진행했다. 그처럼 창의적인 머리를 가진 사람들과 단체로 자리를 함께한다는 것은 정말 유쾌한 경험이었다. 아스펜 연구소는 여러 가지 어려운 현안들에 대해 아이디어를 내고 해법을 찾는 데 몰두하는 싱크탱크로 아이디어 페스티벌은 그중에서도 가장 핵심적인 행사다. 저명한 참석자들 가운데 세 명의 전직 국무장관도 들어 있었다. 콘돌리자 라이스, 매들린 올브라이트,

제임스 베이커 등 세 사람이었다. 연방대법관 스티븐 브레이어, 전前 연방대법관 샌드라 데이 오코너도 있었고 그밖에 업계, 학계, 문화계에서도 많은 유명인사들이 참석했다. 아스펜 연구소의 CEO 월터 아이작슨과 인터뷰할 기회가 있었는데, 그는 한마디로 호기심과 창의적인 정신을 상징하는 모델 같은 사람이다. 57세의 월터는 CNN 회장 겸 CEO와 타임 매거진 에디터도 지냈다. 저술가로도 이름을 날렸는데, 2007년에 '아인슈타인:생애와 우주'를 출간해 많은 호평을 받았고 여러 개의 상을 수상했다. 그는 아이디어가 넘치고 관심 분야도 아주 다양한 사람으로 인류의 미래는 '근본적인 예의' fundamental civility 의 손에 달려 있다는 믿음을 갖고 있다. 근본적인 예의란 다양한 견해와 경험을 가진 사람들이 오늘날의 핵심적인 문제들을 해결하기 위해 진지하게 힘을 합칠 수 있는 능력을 가리킨다. 월터 회장과 아스펜 아이디어 페스티벌에 모인 많은 사람들을 보며 이들이 하는 일이 바로 그런 것이라는 생각이 들었다. 자본주의의 미래를 둘러싼 열띤 논쟁이 여러 차례 벌어졌으나 논쟁과 논란은 어디까지나 배움과 깨우침, 문제해결을 위한 것이라는 정신 안에서 진행되었다. 언론에서 너무도 자주 보게 되는 토론을 위한 토론과는 질적으로 달랐다. 아스펜 아이디어 페스티벌에서는 모든 사람의 생각을 존중했고, 모든 참석자들이 생각을 서로 나누고, 타협하고, 수정하면 각자가 가진 능력이 손상되는 게 아니라 더욱더 강해진다는 의식을 갖고 있었다.

그 회의에 참석하고 난 다음 나는 모든 이들이 그런 창의적인 회의에 참석할 수 있다면 얼마나 좋을까 하는 생각을 했다. 그래서 여러분도 주위에 이와 유사한 기회가 있는지 둘러보라고 강력하게 권하고 싶다. 강의나 세미나도 좋고, 여러분과 다른 생각과 경험을 가진 사람들과 함께할 수 있는 모임이면 되는 것이다. 항상 새로운 시각을 갖도록 노력하고, 새로운 생각의 도전을 두려워하지 말아야 한다.

열 우물을 파라

평생직장은 없다

한 친구가 경제가 어렵다고 투덜대며 이렇게 말했다. "예전에는 평생직장이라고 생각하고 다녔는데 말이야." 그녀는 다니던 직장에서 정년을 못 채우고 떠나게 된 것을 못내 아쉬워했다.

사람이 직장 한 곳에 평생 다니던 시절은 아주 오래 전의 이야기다. 한 곳에서 30년, 40년 다니는 것은 꿈꾸기 힘든 시대가 됐다. 이제는 미래를 설계할 때 '어떤 직업을 택하지?'가 아니라 '어떤 열 가지 직업을 택하지?'라고 자문해야 할 것이다. 평생 갖가지 다양한 모자를 번갈아 써야 할 시대가 되었기 때문이다. 그런 시대에 대비해야 하는 게 마땅하다.

앞날이 불안정하면, 실제로 위기가 닥쳤을 때 삶의 기어를 어떻게 바꿔야 할지 제대로 알기가 대단히 어렵다. 하지만 그렇게 되면 곤란하다. 앞으로 어떤 처지에 놓이든 상관없이, 자기가 갖고 있는 기술 분야를 어떻게 강화하고, 어떻게 다양화시킬지에 대해 시간을 가지고 생각해 봐야 한다. 자기가 가진 지식의 포트폴리오를 점검하고, 어디에 허점이 있는지 찾아내서 빈 구멍을 메우도록 한다.

CNN에 다니던 초창기 시절에 나는 몇 가지 일을 다 해보려고 했다. 내가 일을 시작했을 당시 CNN은 출범한 지 얼마 되지 않아 어수선했으며 모두들 닥치는 대로 여러 가지 일을 했다. 그때 카메라 뒤에서 프로듀서로, 작가로, 어사인먼트 에디터로 일한 덕분에 나는 그 뒤 카메라 앞에서 하는 일을 잘해내게 되었다. 나와 함께 일하는 사람들이 하는 역할과 일정을 잘 알기 때문이다.

다양한 경험 기반을 갖게 되면 그만큼 일자리의 안정성도 높아지고 기회도 더 많이 가질 수 있다. 주위를 한번 둘러보라. 지금 몸담고 있는 분야에서 다른 경험을 얻을 만한 데가 없는가? 불경기를 타지 않는 기술을 배울 만한 곳은 없는가? 매년 새로운 기술을 한 가지씩 배워서 써먹는다면 여러분의 능력은 어느 정도까지 확장시킬 수 있을까?

이런 식으로 리스트를 만들 때는 마음을 완전히 열도록 해야 한다. 표준 마커에 부합되는 전문적인 업무 영역에만 시야를 국한시키지 말라는 뜻이다. 예를 들어, 뉴욕증권거래소에서 방송을 처음 시작했을 때 나는 전에 그곳에서 일해 본 것처럼 이상하게 친숙함이 느껴졌다. 왜 그럴까 하고 곰곰이 생각해 보다가 마침내 그 이유를 알게 됐다. 대학에 다닐 때 엄마가 내게 장외경마도박장OTB에 파트타임 일자리를 구해 주셨는데 그 일을 생각하니 저절로 웃음이 났다. 어떤 의미에서 OTB는 뉴욕증권거래소NYSE에서 일하는 데 필요한 완벽한 훈련장소였다. 남자들이 득실거리는 실내, 베팅, 긴장감 넘치는 분위기 등등. 자욱한 담배연기만 제외하면NYSE와 다를 게 하나도 없었다.

내가 하고자 하는 이야기의 요점은 지금 우리 경제상황은 변하고 있고 앞으로도 계속 변할 것이라는 점이다. 따라서 스스로 가진 능력의 범위를 넓게 펼쳐서 가능한 한 새로운 기술을 많이 습득하는 게 매우 중요하다. 앞으로 다가오는 십 년 동안 어느 분야에서 성장이 이루어질지 살펴보라. 노동장관을 지낸 이레인 차오는 내게 앞으로 몇 해 안에 1백 만 명이 넘는 간호사가 새로 필요하게 될 것이라고 했다. 미국의 연령별 인구 분포가 변화함에 따라 간호사 숫자가 크게 부족하게 될 것이라는 말이었다. 사람들의 수명이 더 늘어나게 됨에 따라 필요로 하는 일들도 다양해졌다. 건강보험은 주목해야 할 성장 분야가 되었고, 늘어나는 수요를 충족시키기 위해 전문인력이 대거 필요하게 되었다.

2009년에 미디어 펠로 자격으로 스탠퍼드대를 방문했다가 그곳에서 스탠퍼드 장수센터의 로라 카스텐슨 소장을 만났다. 카스텐슨 박사는 사람의 수명이 길어진 것을 위기로 보면 안 된다는 말을 했다. 수명이 길어진 것은 위기가 아니라 기회라는 것이었다. 그는 '은퇴'라는 말에 담긴 부정적인 개념을 걷어내고, 사람들이 오래 살면서 좀 더 쉽게 일하고 움직이는 데 필요한 도구를 제공해 줌으로써 생산적인 활동을 할 수 있도록 하는 일에 전념하고 있다. 에너지도 앞으로 성장할 분야이며, 대체 에너지와 연관될 때는 고용이 특히 더 많이 늘어날 것이다. 중국과 인도 같은 곳에서는 인구 증가로 소비재와 원자재에 대한 수요가 늘어난다. 사람들이 계속 도시로 몰려들면서 새로운 문제들을 만들어내고 있는데, 어떻게 해야 많은 사람들이 서로 친밀하게, 그리고 어려움을 극복하며 살아갈 수 있도록 할 것인가? 이런 거대한 메가트렌드를 면밀히 읽으면 어디서 일자리가 만들어질지,

앞으로 어떤 기술이 필요할지 알 수 있을 것이다.

사회기반시설도 주목할 분야다. 경기부양을 위한 정부의 촉진자금이 시장에 유입되고 있고, 또한 앞으로 글로벌 경제가 호전되면 교량, 도로, 터널 건설, 기타 인프라를 안정적으로 유지시키는 데 필요한 대대적인 투자가 이루어질 것이다. 동시에 자동차 산업의 침체가 이어지면서 소규모 금융 서비스업이 활성화되고, 제조업 분야에서도 변화가 일어날 전망이다. 경제는 계속 변하고 있고, 이러한 환경에 대처하기 위해서는 새로운 리더십, 새로운 일자리, 달라진 성장 분야에 적응하는 게 무엇보다도 필요하다. 핌코의 CEO 모하메드 엘-에리언은 이런 추세를 '새로운 현실'new normal이라고 부른다. 자신의 포트폴리오에 어떤 허점이 있는지 살펴보고, 새로운 현실에서 살아남기 위해서는 어떤 기술이 필요할지 고민해야 한다. 다윈이 말한 '적응'의 논리를 명심하자는 말이다.

경험을 넓히고 경력을 쌓는 방법은 수없이 많다. 경기후퇴가 절정에 달해 있던 2009년 5월에 나는 뉴욕시 자선단체인 뉴욕 케어스에 흥미 있는 변화가 일어나고 있다는 사실을 알게 되었다. 뉴욕 케어스는 22년의 역사를 가진 자원봉사자 네트워크다. 이 단체의 사무총장인 게리 베이글리는 2009년 한 해 동안 자원봉사를 하겠다고 찾아오는 지원자 수가 두 배로 늘었다는 말을 했다. 직장에서 밀려난 사람들이 새 일자리를 찾는 데만 시간을 쏟는 게 아니라, 갑자기 많아진 여유 시간을 이용해 자원봉사 일을 하겠다고 몰려든다는 것이었다. 남을 돕겠다는 마음도 물론 동기가 되었을 것이다. 하지만 내 관심을 끈 것은 사람들이 앞으로 일하는 데 도움이 될 유용한 기술을 추가로 배우는 하나의 기회로 이곳을 활용한다는 점이었다. 소매 마케팅 분야에서 일하다 해고당한 한 자원봉사자는 내가 진행하는 일요일 쇼 프로 '월스트리트 저널 리포트'에 출연해 뉴욕 케어스에서 팀장 겸 트레이너로 자원봉사 일을 한 것이 자신의 이력에 중요한 부분으로 추가되었다고 말했다. 자원봉사를 통해 봉사도 하고, 동시에 자신의 자질을 키우는 것은 상당히 좋은 방법이라는 생각이 들었다. 경력을 쌓는 일반적인 방법은 아니지만 얼마든지 해볼 만한 방법이다. 자원봉사 일은 기술을 습득할 기회가 될 뿐 아니라, 미래의 잠재적 고용주들에게 커뮤니티를 생각하는 마음자세가 되어 있음을 보여주는 효과도 있다.

7

겸손

몸을 낮추고 주위를 둘러보라

겸손의 대가들 빌 게이츠, 워런 버핏, 잭 웰치

이 책을 준비하면서 나는 진정한 성공의 가장 중요한 속성이 무엇인지를 밝혀내는 것과 함께, 성공에 숨어 있는 함정도 함께 드러내 보이겠다는 생각을 했다. 흔히들 말하듯이 성공은 덧없는 것이다. 문제는 성공하는 것만이 아니라 그 성공을 지속시키는 것이다. 나는 세계 곳곳에 있는 많은 사람들과 인터뷰하고 이야기를 나누면서, 성공을 잃게 만드는 가장 큰 책임은 오만이라는 말을 계속해서 들었다. 오만이 어떻게 일을 망치는지는 우리 모두 잘 알고 있고, 또한 익히 보아온 터이다. 하지만 오만이 얼마나 큰 해악을 끼치는지 우리가 정말 제대로 알고 있을까?

오만은 너무 거칠 것 없이 지내다 보니 자기는 특별하고 독특하며, 다른 사람보다 더 중요한 존재라고 믿게 되는 것이다. 오만은 다른 사람들에게 함부로 대하고, 동료와 경쟁자들을 과소평가하는 것이다. 하지만 오만한 자들은 머리를 구름 위에 올려놓고 살기 때문에 결국 넘어지고 만다. 오만은 겸손과 반대되는 말이다. 잭 웰치가 이런 말을 했다. "남보다 앞서기 위해서는 자신감과 겸손, 이 두 가지를 모두 가져야 한다. 이 둘이 합쳐진 게 바로 성숙함이다." 경영 전문가로 엄청난 베스트셀러 '좋은 기업을 넘어 위대한 기업으로' Good to Great: Why Some Companies Make the Leap…and Others Don't의 저자인 짐 콜린스는 이렇게 강조했다. "우리가 조사한 최고의 CEO들은 자기 자신에 대해 엄청난 겸손함을 갖추었다. 자기가 이룬 성공의 대부분을 자신이 천재이고 훌륭해서가 아니라 운과 노력, 그리고 준비를 잘한 덕분이라고 돌렸다."

나도 그렇게 생각한다. 겸손은 성공의 가장 중요한 요소 가운데 하나다. 나는 모든 걸 다 갖고 아쉬울 게 없어 보이면서도 두 발을 바닥에 단단하게 붙이고 사는 사람들을 많이 만날 수 있어서 정말 행운이었다. 빌 게이츠, 워런 버핏, 잭 웰치가 바로 그런 사람들이다. 그들의 성공 이야기에는 한 가지 공통점이 있는데, 그것은 바로 이 세상에서 자기가 서 있는 위치를 겸허하게 받아들인다는 점이다. 이들은 자기가 어디서 왔고, 성공을 이루는 데는 여러 가지 요인이 있으며, 운도 적잖이 작용한다는 점을 겸허히 인정한다. 워런 버핏은 투자에서 자기가 발휘하는 재능과 기술 모두가 미국에서 태어나지 못했더라면 무의미했을 것이라는 말을 자주 한다. 미국에서 태어났기 때문에 그런 재능이 결실을 맺을 수 있었다는 말이다. 자기가 성공하게 된 가장 큰 비결은 기회의 땅에서 태어난 출생의 행운 덕분이라고 생각한다는 것이다.

겸손함을 갖추지 못해 몰락한 사람들도 여럿 보았다. 앞서 정직하지 못한 예로 소개한 바 있는 버니 매도프 같은 사람도 오만함 때문에 어려움에 처했다. 자기는 법과 도덕 위에 있다고 생각한 것이다. 정직과 겸손은 손을 잡고 나란히 함께 간다.

나도 내게 지금의 성공이 가능하도록 기회를 준 것은 모든 것을 버리고 미국으로 건너오신 우리 조상들의 희생이라는 겸허한 생각을 갖고 있다. 나는 1919년에 렉스 호에 몸을 싣고 대서양을 건너오신 카르민 바르티로모 할아버지 생각을 자주 한다. 새로운 무엇을 만들기 위해 할아버지는 얼마나 많은 것을 뒤에 남겨두고 떠나 오셨던가. 결코 나 혼자 힘으로 성공했다고 말할 수 없다. 내 성공에 가장 큰 몫을 차지하는 것은 선조들이 물려 주신 유산, 그리고 함께 일하는 CNBC 팀원들의 노력과 헌신이다.

있는 그대로 보여주라

누구든 실수는 한다

겸손의 미덕에 대해 이해하기 힘들다는 사람들도 있을 것이다. 우리는 겸손을 특별히 중요시하지 않는 문화 속에 살고 있다. 우리는 자신을 내세우고, 선전하고, 마케팅하고, 자신의 능력이 돋보이도록 하고, 그리고 자기가 잘못한 것을 절대로 인정하지 말라고 가르친다. 사람들은 흔히 겸손을 자신감 부족과 혼동해서, 강함의 반대 개념으로 생각한다. 하지만 비즈니스를 비롯해 모든 문화 방면에서 겸손은 가장 강력한 무기 중 하나다.

실패를 좋아하는 사람은 없지만, 누구든 언젠가는 실패한다. 그게 인생이다. 나는 카메라 앞에 서던 초창기 시절에 이런 생각을 뼈저리게 했다. 내가 하는 일은 워낙 경쟁이 치열한 분야이고, 나는 그 전선의 최전방 한가운데 서 있었다. 조그마한 실수라도 하면 못 배겨 낼 것이라고 생각했다. 몸가짐이 한치라도 흐트러지거나, 한푼이라도 대가를 챙기거나, 부정확한 분석 보도를 하거나 하면 끝장이라고 생각했다. 텔레비전에서 일하는 것은 일거수일투족을 현미경으로 감시당하는 것이나 마찬가지다. 아무리 철저한 감시라도 이겨낼 만큼 처신하지 않으면 밀려나고 만다. 적어도 나는 그렇게 생각한다.

당시 나는 어렸고 자신감도 부족했기 때문에 잘못하면 어쩌나 하는 두려움이 컸다. 그리고 많은 사람들 앞에서 이야기를 해달라는 부탁을 자주 받았는데 그건 힘든 일이었다. 수백만 명의 시청자들이 보는 텔레비전에 출연하는 것은 별 문제가 안 되었다. 하지만 청중들이 모인 가운데 연단에 서는 것은 달랐다. 고맙게도 당시 보스였던 파멜라 토머스 그레이엄이 내가 하는 것을 보고 이렇게 지적해 주었다. 그녀는 단호하게 말했다. "마리아, 사람들은 당신 같은 위치에 있으면 마이크를 잡고 막힘 없이 말을 할 것이라고 기대해요. 그런데 당신이 하는 행동은 꼭 헤드라이트 불빛에 비친 노루 같아요. 겁먹은 표정이란 말이에요. 당신은 청중들을 실망시켰어요. 이건 반드시 고치도록 해요."

그 말을 들으니 너무 민망하고 창피했다. 하지만 부정할 수 없는 사실이었다. 그래서 나는 과감하게 코치를 받기로 했다. 멋진 경험이었다. 코치는 먼저 이렇게 물었다. "하고자 하는 말을 그냥 해 봐요. 적어온 것을 읽는 게 아니라 그냥 대화하듯이 해봐요. 가슴 속에 들어 있는 게 뭐예요?" 그렇게 코치를 받고 나서부터 대중 앞에서 말하는 태도가 완전히 바뀌었다. 이제는 할 말을 적어 가지고 가서 하지 않는다. 그저 요점만 간단하게 메모한 다음 마음속에 있는 것을 털어놓듯이 한다. 그리고 이제는 긴장하거나 겁내지도 않는다. 왜냐하면 마음속에서 우러나는 말을 하는 것이지, 대본을 보고 하는 게 아니기 때문이다.

여기서 말하고자 하는 것은 자신의 본 모습이 아닌 것을 남에게 보여주려는 헛된 노력을 그만둘 때 비로소 성공이 찾아온다는 사실이다. 느긋한 마음으로 자신의 본 모습을 있는 그대로 보여주면 되는 것이다. 진정성을 보여주면 사람들은 반응을 나타낸다. 말이 잘못 나와 한두 마디 더듬거려도 상관없다. 사람들은 본래의 모습을 생생하게 그대로 보고 싶어 하지, 칼로 종이를 오려내듯이 억지로 만든 모습을 보고 싶어 하지는 않는다.

염치와 몰염치

메릴 린치 존 테인 회장의 경우

정부가 납세자들이 낸 돈으로 AIG, 시티그룹, 패니 메이, 프레디 맥 등 여러 초대형 금융업체들에 대한 지원을 시작하기 전에는 그런 회사의 책임자들이 과도한 보수를 받는 데 대해 사람들이 별 관심을 기울이지 않았다. 최고로 우수한 인재들이라면 많은 돈을 받는 게 당연한 것 아니냐는 생각들이었고, 그래서 많은 보너스를 받고 갖가지 특전을 누려도 사람들이 개의치 않았던 것이다. 하기야 투자자들에게 돈을 벌게 해준다면야 누가 상관할까? 그러나 정부가 이들 기업에 대한 재정지원에 나서자 갑자기 사람들의 정신이 번쩍 들었다. 최고 경영인들에게 관행처럼 되어 있는 두툼한 보너스와 호화판 특전은 정당한 것일 수도 있고, 그렇지 않을 수도 있다. 하지만 수백 만 명이 저축한 돈과 연금이 연기처럼 사라지는 것을 보며 사람들이 분노한 것은 당연하다. 사람들은 자기 퇴직금과 저축한 돈은 사라졌는데 혼란에 대해 책임을 져야 할 당사자들이 아무 탈 없이 잘 지내는 것을 보고 뺨을 얻어맞은 것 같은 기분이 들었을 것이다.

조심스럽기는 하지만 말귀가 어두운 사람의 예로 존 테인 회장을 들어 보겠다. 나는 여러 해에 걸쳐 그와 여러 번 인터뷰했는데 그동안 그는 업계에서 가장 훌륭한 인격자 중 한 명으로 꼽혔다. 메릴 린치의 회장 겸 CEO로서 그는 중요한 시기에 용기와 통찰력을 보여주었고, 죽어가는 회사를 구하기 위해 뱅크 오브 아메리카에 매각하는 힘든 결정을 내렸다. 그는 남아서 과도기를 관리했고, 나는 그의 수완이 회사가 힘든 시기를 헤쳐나가는 데 긴요하게 쓰일 것이라는 사실을 조금도 의심치 않았다. 그런데 합병 뒤 불과 20일 만에 그가 갑작스럽게 해고되어 업계에 큰 충격을 던졌다. 그가 해고당하기 전 세 가지 일이 있었다. 크게 보면 별일 아닌 것처럼 생각될 수도 있는 일이지만, 사람들이 최고경영진의 과다한 보수를 더 이상 용납하지 않는 분위기였기 때문에 사퇴로까지 이어진 것이었다. 첫번째 사건은 그가 합병 바로 전날 저녁에 메릴 린치 경영진에게 40억 달러의 보너스 지급 결정을 내린 것이었다. 당시 메릴 린치는 270억 달러의 손실을 입어 정부로부터 부실자산구제프로그램TARP 자금을 지원받고 있었다. 두번째 사건은 그가 자기 앞으로 1000만 달러의 보너스를 달라고 이사회에 요구한 것이다. 2008년 위기 때 회사를 뱅크 오브 아메리카에 매각해 '회사를 구한' 공을 인정해 달라는 것이었다. 세번째는 그가 자기 사무실을 새로 단장하는 데 120만 달러를 썼다는 사실이 밝혀진 것이다. 지출내역을 보면 융단 구입비로 13만 1000달러, 골동품 장식장 구입비 6만 8000달러, 서랍장 3만 5000달러, 휴지통 1400달러 등이었다.

　그렇게 물러난 지 일주일이 채 안 되어서 나는 다보스에서 그와 인터뷰했다. 그는 초췌해 보였고, 약간은 포탄 쇼크를 당한 사람 같아 보였다. 우선은 안됐다는 생각이 들었다. 그토록 잘나가던 사람이 그런 식으로 '체면'을 구기게 된 것은 상상하기 힘든 충격일 것이다. 하지만 왜 그런 무리한 보수를 챙겼는지에 대해 사람들도 알 권리가 있다는 생각을 했다. 그래서 나는 모두가 답을 듣고 싶어 하는 문제에 대해 질문했다. "회장님, 메릴 린치는 최고위 경영진에게 40억 달러를 보너스로 지급했습니다. 3개월 만에 150억 달러의 손실을 입고, 회사를 팔아넘길 수밖에 없고, 도와달라고 정부에 손을 내미는 처지에 어떻게 그런 고액의 보너스를 지불하실 수가 있습니까?"

그는 뻔한 논리를 늘어놓았다. "최고의 인재들에게 돈을 쓰지 않으면 회사를 망칩니다." 하지만 나는 이 점에 대해 계속 그를 추궁했다. 새로운 경제환경에 맞춰 회사의 재정 규모도 새로 짜는 게 마땅하다고 생각했기 때문이다. 보너스와 관련해 일반 사람들이 보이는 분노를 보지 못하는 사람이 존 테인 한 사람뿐만은 아니다. 하지만 그는 문제가 될 것이 뻔한 사안에 대해 무신경한 태도를 보였다.

초호화 사무실 치장에 대해서도 물어보았다. 그건 그야말로 사람들이 군침을 흘리며 달려들도록 만드는 문제였다. 로마가 불타고 있는데 휴지통에 1400달러를 썼다고? 사람들에게 알려지면 문제가 될 것이란 생각을 안 했는지 물어보았다. "당시는 사람들을 내보내고, 봉급을 삭감할 때였지 않습니까." 나는 이렇게 말했다. "회사는 엄청난 손실을 기록하고 있지 않았습니까. 그런 상황에서 그런 돈을 쓰면서 '이건 잘하는 짓이 아니야. 다음 기회로 미루는 게 좋겠어' 하는 생각이 한번도 안 들었어요?"

존 회장도 일이 전개되는 상황에 당혹해하는 기색이 역력했다. "지나고 생각해 보니 그건 실책이었어요." 그는 이렇게 말했다. "그런 짓을 한 게 후회됩니다. 사무실 단장에 들인 비용은 회사에 모두 변제할 생각입니다.”

　그는 자신의 행동이 초래한 결과에 대해 잘못을 깨달았지만 때가
너무 늦고 말았다. 나는 그가 지금의 난관을 이겨내고 다시 돌아올 것
이라는 생각을 종종 한다. 그가 보여준 예는 업계 최고 자리까지 올라
가려고 하는 사람들에게 중요한 교훈이 된다. 비즈니스에서 겸손은
성공에 필수적인 미덕이다. 지위가 높아질수록 겸손의 미덕은 더 많
이 필요하다.

놀림감이 될 줄 아는 지도자가 되라

백악관 출입기자 만찬

　내 별명은 ‘머니 허니’ 인데 별명을 들으면 기분이 어
떠냐고 묻는 사람들이 많다. 운율이 딱 맞는 이 별
명은 뉴욕포스트의 어떤 기자가 붙여 준 것인데, 그때부터 내 별명이
되어 버렸다. 이상하게 생각될지 모르지만 나는 이 별명을 듣고 기분
나쁜 적이 한번도 없었다. 별로 심각하게 듣지도 않는다. 시청자들이
내가 어떤 사람인지 알고 있고, 내게서 기대하는 게 뭔지도 나는 안
다. 그리고 우리 부모님이나 남편 빼고는 나를 실제로 ‘허니’ 라고 부
르는 사람도 없다.

　짐작하건대 ‘머니 허니’ 는 성차별적인 뉘앙스를 풍기는 별명같이
들리는데, 물론 가벼운 기분으로 부르는 것이다. 그런 별명을 듣는다
고 기분이 나쁠 것은 조금도 없다. 어떻게 보면 나의 인간적인 모습을

부각시키는 데 도움이 될지도 모르겠다.

인터넷에 들어가 보면 나를 소재로 한 우스운 말들이 많은데, 그런 걸 보면 나는 쾌감을 느낀다. 제일 웃기는 것 중의 하나는 마리아 바르티로모 헤어덱스 지수다. 어떤 엄청나게 똑똑한 남자가 내 앞머리 모양을 가지고 그날의 주식시장 상황을 평가하는 방법을 고안해 냈다. 친구한테서 그 사이트 이야기를 듣고 들어가 보고는 그날 하루 종일 얼마나 웃었는지 모른다. 너무도 기발해서 나는 그 사이트 내용을 친구와 가족들에게 모두 이야기해 주었다. 친구들은 개장하기 전에 "오늘 네 헤어스타일은 뭐니?"라고 묻기도 한다.

누군가가 당신을 놀림감으로 만들려고 할 때는 두 가지 대응 방법이 있다. 화를 내든가 아니면 그걸 즐기는 것이다. 자신의 능력에 자신감을 갖고 있으면 얼마든지 자신을 놀림감으로 만들 수가 있는데, 성공한 사람들에게서는 이런 친밀감이 느껴진다. 실제로 유머러스한 자기비하는 미국 문화의 일부분인데, 매년 열리는 백악관 출입기자 만찬에 참석하면 이런 사실을 새삼 확인하게 된다. 1920년부터 백악관 사람들과 출입기자들이 일 년에 한 차례씩 한자리에 모여 서로 짓궂은 농담을 주고받는다. 대통령을 비롯해 여러 고위 공직자들이 모두 참석한다. 이 자리에서는 대통령의 농담이 제일 관심사가 되는데 몇 분 동안 대통령은 국가 최고위 스탠드업 코미디언이 되고, 온 나라가 그 순간을 즐긴다. 2009년에는 신임 오바마 대통령이 사람들의 배꼽을 쥐게 만들었다. 그는 창세기의 하느님 버전으로 "앞으로 일을 너무 잘해서 100일 동안 할 일을 72일 만에 모두 다 마칠 수 있을 것"이라고 말하고 "73일째는 쉬려고 합니다"라고 웃겼다. 조 바이든 부

통령, 힐러리 클린턴 국무장관을 비롯해 공화당 의원들이 모두 그의
놀림감이 되었다. 2008년에 부시 대통령의 지지도는 내려앉았지만
그의 유머는 전성기를 구가했다. 그는 대통령 목소리를 똑같이 흉내
내는 사람과 함께 연단에 올랐는데, 그 사람은 "36%인 내 지지자들과
어떻게 만찬을 하지 않을 수가 있겠어?"라고 너스레를 떨었다.

　권력자를 지상으로 끌어내리는 의식은 편안한 위안을 안겨준다. 이
제 그 출입기자 만찬을 그만 하라는 비판의 소리도 들린다. 백악관의
권위를 깎아내린다는 것이다. 나는 그렇게 생각하지 않는다. 내가 태어
난 뒤에 백악관을 거쳐간 대통령들을 보면 케네디, 레이건, 부시 등 자
기 비하와 유머 능력을 갖춘 분들이 그렇지 않은 분들보다 훨씬 더 성
공적이었다. 사람들은 자신이 인간이라는 점을 아는 지도자를 원한다.

본분을 잊지 말라

워런 버핏, 잭 웰치, 존 서마

자기가 만든 보도자료를 믿는 멘탈리티에 빠지는 사
람들이 너무나 많다. 그런 사람들은 이런 생각을 하
며 우쭐해한다. '좋아, 난 이렇게 훌륭한 사람이야. 난 정말 보통사람
이 아니야!' 이런 사람들은 일이 잘못되면 제일 심한 타격을 받는다.
반면에 겸손한 사람들은 위기를 딛고 일어나기가 쉽다.

　성공한 사람들은 오만에 빠질 위험이 크다. 오만은 겸손할 줄 모르
는 자부심이다. 이 문제에 대해 마틴 소렐 경과 이야기를 나눈 적이

있는데, 그는 WPP 그룹 창업자 겸 CEO로서 엄청나게 성공한 사람이고, 2000년에 엘리자베스 여왕으로부터 작위를 받았다. 그런 사람이지만 스스로 오만에 빠지지 않도록 조심하고 있었고, 정상에 오른 사람들에게는 오만이 큰 문제가 될 수 있다는 말을 했다. "매사에 예스만 남발하는 중간간부들에 둘러싸여 지내다 보면 최고 자리에 오른 지도자들이 오만에 빠질 위험이 높아집니다. 큰 기업의 문화가 오만을 키우는 것이지요." 그는 이렇게 말했다. "최고 자리에 있는 지도자들이 겸손해지도록 도와주는 사람은 주위에 아무도 없습니다. 겸손은 중요한 덕목입니다. 물론 겸손하다는 게 말처럼 쉬운 일은 아니지요. 우리 모두가 성공하면 오만해지는 경우가 많습니다. 하지만 훌륭한 기업가들 중에서도 그렇지 않은 사례들이 있습니다. 워런 버핏도 그런 사람들 가운데 한 분입니다. 나는 그분의 겸손한 자세를 존경합니다. 금융 위기가 가져다 준 긍정적인 결과 가운데 하나는 분수를 잊고 지내던 사람들이 정신을 차리도록 만들어 놓았다는 것입니다."

오바마 대통령도 오만함 때문에 문제를 겪었다는 이야기가 있다. 취임 초기에 그에 대한 지지율은 높았다. 하지만 2009년 가을이 되자 지지율이 떨어지기 시작했고, 주제넘은 짓이 아니냐는 말을 들은 몇 가지 일을 했다. 시카고의 2016년 하계올림픽 유치 활동을 지원하기 위해 코펜하겐을 방문한 것이 한 예다. 표결에 영향을 미치겠다는 생각이었지만 사정을 아는 사람들은 기대하기 힘들다는 사실을 알고 있었다. 건강보험 개혁에 대한 집착과 그로 인해 국민 여론이 분열되고 있다는 사실을 제대로 보지 못한 것, 그리고 기업에 대한 정부 소유 지분을 늘리는 것 등이 이러한 예에 속한다. 오바마 대통령은 자기 확신이 지나쳐서 추락이 불가피할 것이라는 말들이 나오기 시작했다. 백악관의 한 보좌관은 이런 말을 했다. "대통령은 경제 문제에 있어서 나는 물론이고 다른 누구의 말도 듣지 않으려고 합니다. 자기가 다 안다는 식이지요." 건강보험 개혁과 관련해 백악관 초청 토론회에 참석했던 사람들도 비슷한 말들을 했다. "대통령은 의사들을 불러서 의견을 듣겠다고 했어요." 참석했던 한 의사는 이렇게 말했다. "그런데 자기 말만 하고는 가버렸습니다."

일을 하면서 만난 사람들 가운데 우수하고, 정말 기억에 남는 쪽은 겸손한 사람들이다. 예를 들어 워런 버핏은 세계 최대의 투자가로 불리고 엄청나게 성공한 사람이다. 그런데 인간적인 면에서 그는 '옆집에 사는 억만장자 아저씨' 같다. 그는 큰 부자들이 누리는 특전이나 허세와는 거리가 먼 사람이다. 그는 재물을 쌓는 데는 아무런 관심이 없다. 오마하에 1958년에 산 집에서 그대로 살며 평범한 차를 타고 다닌다. 그는 보통 사람 같은 외모를 하고 보통 사람들처럼 말한다. 그는 겉과 속이 같은 사람이다. 있는 그대로 보여준다.

겸손은 성공에 매우 긴요한 덕목이다. US 스틸의 CEO인 존 서마를 인터뷰하면서 나는 생사의 기로에 놓인, 빈사상태의 철강산업이 처한 어려움에 대한 이야기를 기대했다. 그 대신 나는 개인적인 성공에 대해 아주 귀한 영감을 얻게 되었다. 정상에 도달한 사람이 어떻게 처신해야 하는지에 대한 청사진으로 사람들이 본받을 만한 이야기였다. 어느 모로 봐도 크게 성공한 사람이지만, 그는 겸손하고 균형 잡힌 품성을 갖고 있으며 솔직하다. 그리고 어려움에 놓인 회사에 자신의 철학을 심어놓았다. 그는 자기 어머니의 가르침대로 다른 간부들에게도 절대로 "자만하지 않도록 조심하라"고 강조했다.

"한마디 덧붙이자면 말입니다." 그는 이렇게 말했다. "나는 한번도 자신을 대단히 성공한 사람이라고 생각해 본 적이 없습니다. 그저 매일매일 최선을 다할 뿐이지요. 그리고 무슨 일을 하든 열심히 매달립니다. 내가 중요시하는 덕목이 있다면 그건 살아가면서 가능한 한 균형을 취하려고 노력하는 것입니다. 겉으로 보이는 헛된 성공에 자만하지 않으려고 애를 쓰는데, 자칫하면 그렇게 되기 쉬워요. 그리고 일이 제대로 되지 않아도 크게 낙담하지 않습니다."

나는 존의 겸손한 태도에 매료되었다. 그는 내게 몇 년 전 피츠버그 교외의 노인 아파트에 사는 어머니를 찾아간 이야기를 들려주었다. "사무실이 있는 뉴욕에서 비행기로 간 다음 공항에서 자동차로 갔습니다." 그는 이렇게 회상했다. "오후 네 시 반경이었는데 어머니는 친구들과 함께 공동 거실에 앉아 카드놀이를 하며 잡담을 하고 계셨어요. 그런데 어머니가 손목시계를 보시더니 '일하러 갈 시간 아니니?' 하시는 것이었어요. 그때도 나는 CEO였는데 그 때문에 어머니께서 그런 말씀을 하신 겁니다. 그래서 나는 '아니, 괜찮아요, 어머니. 안 가도 돼요. 이곳에는 내가 오고 싶을 때 와도 됩니다. 걱정 안 하셔도 돼요'라고 해드렸어요. 집으로 돌아오는 길에 곰곰이 생각해 보니 어머니 말씀이 옳았습니다. 어머니는 '분수를 모르고 건방지게 굴면 안 된단다. 여기서 빈둥대지 말고 어서 사무실로 돌아가' 라고 말씀하셨던 것입니다."

성공의 정점에 도달한 사람들의 이야기는 얼마든지 있다. 하지만 우리가 기억하는 것은 자신의 본모습을 망각하지 않는 사람들이다.

스티브 잡스도 임시 관리자일 뿐이다

후계자를 키워라

절대로 없어서는 안 될 사람이란 세상에 없다. 그런데도 많은 리더들이 자기는 '특별한 사람'이라는 신드롬에 빠져서 허우적거린다. 이런 사람들은 자기가 물러나면 모든 게 다 엉망이 될 것이라고 생각한다. 이런 현상은 자기 손으로 사업을 시작해서 큰 기업으로 성장시킨 사람들에게서 자주 일어난다. 최근의 예는 애플의 스티브 잡스에게서 볼 수 있다. 그가 아프다는 사실이 알려지자 모두들 회사가 엄청난 위기에 빠질 것처럼 생각했다. 사람들은 "만약 스티브가 물러나면 애플은 누가 이끌지요?"라고 물었다. 하지만 그것은 기우였다. 스티브 잡스가 혁신적이고 특별한 리더이기는 하지만, 모든 리더는 임시 관리자일 뿐이다.

2007년에 나는 비아콤과 CBS의 지배주주 겸 회장인 84세의 섬너 레드스톤과 인터뷰를 가졌다. "후계 구도는 어떻게 세우고 계십니까?"라는 질문에 그는 놀라운 답변을 내놓았다. "후계 구도는 죽은 사람들한테나 해당되는 말이오." 그는 이렇게 말을 이었다. "얼마 전 회의석상에서 존 말론(리버티 미디어 회장 겸 디스커버리 지주회사의 CEO)이 내게 '우리는 언젠가 죽지만 섬너 회장, 당신은 영원히 죽지 않을 것입니다. 그러니 후계 계획도 세울 필요가 없으실 겁니다'라는 말을 하더군요. 이게 내 대답입니다."

농담을 하는 것이겠지라고 생각했는데, 가만히 보니 농담이 아니었다. 남기고 싶은 유산이 어떤 것이냐고 재차 물었더니 그는 다소 짜증스럽다는 투로 이렇게 대답했다. "나는 유산을 남길 생각이 없소. 유산이란 죽은 사람이나 남기는 것이잖소. 이미 말했듯이 나는 그만둘 생각이 없어요!"

섬너 레드스톤 회장은 정말 영원히 살 생각인 것 같다. 인터뷰를 마치기 전에 그는 신비의 만병통치약이라며 모나비 아사이 주스를 내게 한 병 주었다. 하지만 현실적으로 제왕적 CEO의 시대는 끝났다. 승계 계획을 제대로 세우지 않거나 아예 세우지 않았다가 막강한 지위를 누리던 경영진이나 기업이 몰락하는 경우를 심심치 않게 보아 왔다.

시티그룹의 샌디 웨일은 승계 문제 때문에 어려움을 겪은 사람이다. 그는 자기 밑에서 오른팔 역할을 해온 제이미 다이먼에게 자신의 뒤를 이어 CEO를 맡길 생각이 없었다. 그래서 그는 다이먼을 몰아냈고, 그것 때문에 나중에 허약한 후계 후보군을 갖게 되는 힘겨운 딜레마에 직면하게 되었다. 회계부정과 관련해 검찰 조사를 받고 물러나야 할 처지가 되자 그는 후계자 선정을 서둘렀다. 오랜 세월 자신의 변호사로 활동해 온 척 프린스를 후계자로 선택했으나, 프린스는 전 세계 200개국에 걸쳐 수십 만 명의 종업원을 거느린 거대 조직을 이끌어 본 경험이 전무한 사람이었다. 그는 샌디 웨일의 빈자리를 메우느라 힘겨운 시간을 보냈지만 직원들 사이에 인기도 없었다. 그는 측근 보좌진의 말도 듣지 않으려고 했다. 프린스 회장 밑에서 시티그룹의 자산은 사실상 여러 방면에서 해체의 길을 걸었다.

어떤 조직에서건 승계 계획은 CEO가 해야 할 핵심 업무 가운데 하나다. 승계 계획을 제대로 실행시키지 못한다는 것은 불안정, 오만, 허약한 리더십이라는 증거가 될 수 있다. 유에스 스틸의 CEO 존 서마는 나와 인터뷰하면서 아주 흥미로운 말을 했다. "성공한 리더라면 모든 일을 혼자서 다 하려고 하면 안 됩니다." 그리고 이렇게 말을 이었다. "나는 유에스 스틸의 13대 CEO입니다만 항상 J.P. 모건, 프리크, 카네기, 저지 개리 회장 등 나의 전임자들이 한 일이 무엇인지 살펴봅니다. 왜냐하면 그분들도 모두 내가 지금 골몰하고 있는 것과 똑같은 문제들과 씨름했기 때문입니다. 지금도 크게 달라진 것은 없습니다. 내가 중요한 일에 집중해서, 다음에 어떤 사람이 언제 이 자리에 오든 문제가 안 되도록 회사 상황을 호전시켜 놓으면 내 임무를 다하는 것입니다. 나를 위해서가 아니라 회사를 위해서 그렇게 하는 것입니다."

빌 게이츠 집안의 소박함

빌시니어에서 빌, 멜린다에 이르기까지 게이츠 집안의 가장 돋보이는 장점 가운데 하나는 소박함이다. 정말 진정으로 우러나는 소박함인데, 그것은 그들의 사람 됨됨이, 그리고 상상할 수 없을 정도의 부와 성공을 이룬 것과 상관없이 그들이 추구하고 있는 가치의 산물이다. 빌 게이츠 시니어와 인터뷰하면서 나는 이 소박함의 실체를 보았다. 아들이 어렸을 적에 엄청난 천재라는 사실을 알았느냐고 물었더니 그는 빙그레 웃으면서 이렇게 대답하는 것이었다. "아, 그 질문에 대한 답은 기본적으로 말해 노No입니다." 그러면서 그는 세 자녀가 각각 어떤 특성들을 타고났는지 말하고, 부인 메리와 함께 두 사람이 부모로서 아이들이 각자 어떻게 커가도록 격려해 주었는지 말해 주었다. 빌 시니어는 집안에 '스타'는 사실상 없었다고 했다. 누구도 다른 형제들보다 더 우수한 것처럼 행동하는 건 용납하지 않았다는 것이었다.

어쩌면 이러한 소박함에 뿌리를 내린 덕분에 게이츠 집안은 두 발을 땅에 붙이고 현실감 있는 생활을 이끌어가고, 또한 비교적 보통사람들처럼 정상적인 삶을 살 수 있게 되었는지 모른다. "부자라는 사실이 미치는 영향이 없을 수는 없을 것이오. 그래서 자기들이 하는 행동거지에 더 조심하는 것이지요." 빌 시니어는 이렇게 말을 이었다. "분명히 영향이 있고, 그래서 아들 부부 모두 그 점을 크게 의식합니다. 아들과 며느리 모두 다른 사람들의 눈에 거슬리지 않고, 요란스럽지 않게 행동하려고 대단히 노력합니다. 그런 점이 참 기특합니다. 아이들이 정말 너무도 행복하게 살면서도 사치스럽게 굴지 않으려고 스스로 조심하는 것을 보면 참으로 기특합니다. 한 가지 예로 부부는 제 아이들에게 모든 행동에는 제약이 따른다고 가르칩니다. 그리고 관용과 세상에 대한 따뜻한 마음을 가져야 한다고 가르치지요."

이것은 빌 게이츠가 어렸을 적에 아버지의 무릎에 앉아서 배운 바로 그 정신이다. 이 가족의 소박함은 다른 사람들에게 모범이 된다. 그중에서도 가장 중요한 것은 이들은 그 소박함의 정신을 말로만 그치지 않고 행동으로 실천해 보인다는 점이다.

내가 감사하는 열 가지 일

내가 하고 있는 일을 생각하면 가끔 꿈인가 생시인가 싶어서 스스로 꼬집어 본다. 나는 뉴욕증권거래소에서 15년째 방송을 계속하고 있다. 이토록 오랜 세월 내 프로그램을 진행하고, 그것도 다름 아닌 세계에서 가장 중요한 경제 기구 가운데 하나인 이곳에서 방송을 한다는 건 정말 믿기 힘든 행운이다. 나는 이 소중한 기회가 주어진 데 대해 겸허한 마음으로 감사한다.

나는 무슨 일에 회의가 들거나 걱정이 들 때면 잠시 일손을 멈추고 운동을 조금 한다. 그러면서 이렇게 자문한다. "내가 가장 감사하는 열 가지 일이 무엇이지?" 그러고는 머릿속으로 생각만 하는 게 아니라 그것을 내 블랙베리의 메모난에 적어나간다. 나는 남편에게 감사한다. 남편은 나를 사랑해 주고 매일 웃게 만든다. 부모님과 형제들에게 감사한다. 그들 때문에 나는 든든하다. 내 주위에 있는 사람들에게 감사한다. 나를 도와주는 보좌진과 프로듀서들은 내가 이 일을 꾸려나갈 수 있도록 해준다. 그들이 없다면 나는 절대로 이 일을 못한다. 그들은 내가 하는 일을 이해하고, 내가 방송에 잘 나오도록 만들어 준다. 내가 하고 있는 일에 감사하고, 이렇게 건강한 데 대해 감사한다. 이렇게 세어 나가자면 한이 없다. 내 블랙베리는 감사의 글로 가득 찬다! 이렇게 하면 나의 삶을 되돌아보게 된다. 자기가 하고 있는 일을 소중하게 생각하고, 그런 기회가 주어진 데 대해 감사하는 것은 나를 포함해 모든 사람이 성공하는 데 대단히 중요한 자세라고 생각한다.

　여러분이 하는 일이 중요한 일이건 아니건 상관없이 놀라움과 감사의 마음을 갖는 게 중요하다. 취임식 무도회에 참석한 버락 오바마와 미셸 오바마 부부한테서도 그런 순간을 볼 수 있었다. 비욘세가 '앳 라스트' At Last를 부를 때 대통령 부부는 댄스 플로어로 나섰다. 오바마 대통령이 미셸 여사에게 몸을 기대며 무슨 말을 했는데 입 모양만 봐도 "이게 꿈이야, 생시야?" 라고 말하는 것임을 알 수 있었다. 미셸도 "맞아요, 꿈만 같아요"라고 맞장구를 쳤다.

　바로 그 순간, 두 사람은 여러분이나 나 같은 보통사람과 똑같이 주변 분위기를 보고 너무 황홀했던 것이다.

스태미나를 길러라

오래 살고 젊게 죽는다

나는 2009년 봄에 구글에 관해 한 시간짜리 CNBC 특집을 계획하면서 우연히 폴 본드를 만나게 되었는데, 그는 그동안 내가 만난 가장 놀라운 사람들 가운데 한 명이다. 그는 애리조나주 노게일스에 있는 폴 본드 부트 컴퍼니의 설립자이고 소유주이다.

우리는 당시 구글의 광고 단어 검색 피처에 광고를 해서 도움을 받은 중소기업을 물색 중이었다. 가능하면 현지 기업이 좋겠다고 생각했는데 우리 프로듀서가 폴 본드 부트 컴퍼니를 찾아냈던 것이다. 구글에 일년 동안 광고를 해서 판매고가 급증한 회사였다.

처음에는 방송을 찍으러 노게일스까지 가야 하나 하고 약간 망설였다. 매일 경제난과 은행 스트레스 테스트 같은 굵직한 취재거리로 너무 바빴기 때문이다. 하지만 93세의 폴 본드를 만나고 나서 그러한 생각은 완전히 바뀌었다. 이 강건한 사람을 만난 게 너무 다행이라는 생각이 들었다. 그는 자신의 삶을 사랑하는 사람이고, 하루도 빠지지 않고 단숨에 일터로 달려서 출근했다. 얼마나 풍요로운 삶이고, 얼마나 멋진 이야기인가. 무엇이 그를 이처럼 활기차게 만드는지 궁금했다.

노게일스에 도착하자 나는 아름답게 설계된 거대한 작업장으로 안내되었다. 부츠 제조 회사의 중앙 작업장이었다. 폴 본드는 카우보이 부츠와 모자 차림으로 돌아다니고 있었다. 자기 나이의 절반밖에 들어 보이지 않을 만큼 활기에 넘치는 모습이었다. 나는 그의 스타일에 먼저 반했고, 그러고 나서 그의 됨됨이를 보고는 더 반했다.

그는 진정한 카우보이 정신을 가진 사람이었다. 그가 지나온 길은 미국 서부의 매력적인 삶의 초상을 그대로 보여주었다. "나는 뉴멕시

코주 경계선에 있는 목장에서 자랐지요." 그는 이렇게 말했다. "말을 타고 학교에 다녔고, 고등학교 때는 말안장과 부츠 파는 가게에서 일했지요. 말채찍을 다듬고 부츠 뒷굽을 박는 게 내가 맡은 일이었습니다." 어린 시절을 회상하며 그는 껄껄 웃었다. 1930년대에는 로데오 기수가 되었다고 했다. "캘버리 말을 탔는데, 놈들이 날뛰면 내가 멋진 솜씨를 보여주었지요. 말을 꽤 잘 탔고, 나름대로 마술 승마도 개발했어요. 그리고 몇 년 동안 브롱코 말과 황소도 탔습니다. 하지만 내 진짜 관심은 부츠 만드는 데 있었답니다. 로데오 기수들은 좋은 수제품 부츠를 신고 싶어 했어요. 당시에는 대부분 공장제품뿐이었거든요. 그래서 나는 로데오를 하면서도 틈틈이 부츠를 만들었어요." 그는 로이 로저스를 포함해 당시 손꼽히던 유명 로데오 기수들과 지방에서 열리는 순회경기 출전자, 그리고 목장 일꾼들에게 부츠를 만들어 주었다.

2차 세계대전이 끝난 뒤에 그는 사업을 본격적으로 해볼 생각을 했다. "전쟁이 끝나고 나니 모든 사람들이 돈을 쥐고 있고, 부츠를 사고 싶어 했어요." 그는 당시 상황을 이렇게 설명했다. 그래서 그는 노게일스 시내에 부츠 가게를 열었고, 그게 지금까지 이어지고 있는 것이었다.

장수의 비결이 무엇이냐고 뻔한 질문을 던져 보았다. "일에 대한 관심이지요." 그는 눈을 번뜩이며 이렇게 대답했다. "아침에 일어나면 서둘러 일터로 나가고, 전날 마치지 못한 일을 마무리합니다. 새로운 구상도 하고, 이곳으로 내려와 한번 둘러봅니다. 뻔한 대답 같지만 무엇을 만들어낸다는 도전이 바로 오래 사는 비결이지요."

　그의 말을 듣고 있으니 우리가 흔히 당연한 것으로 받아들이는 일들이 사실은 우리의 삶에서 가장 중요한 것이라는 생각이 들었다. 그것은 바로 자기가 좋아하는 일을 하고, 열심히 일하고, 행복하고, 좋은 사람이 되고, 몰두하고, 운동을 하는 것 등을 말한다. 그는 꽉 찬 삶을 산 사람이다. 그러면서도 끊임없이 새로운 것을 추구한다. 인터뷰를 마치고 떠나면서 나는 속으로 이런 생각을 했다. '내가 살고 싶은 게 바로 이런 삶이야.' 그것은 바로 오래 살고, 젊게 죽는 것이다.

페이스를 유지하라

잭 웰치 부부

성공하기 위해서는 완전히 녹초가 되도록 일을 해야 하는가 하는 질문을 자주 받는다. 주위를 돌아보면 성공한 사람들은 대부분 생활에 균형이 별로 없는 것같이 보인다. 항상 바삐 움직인다. 남보다 앞서 가고 싶은 젊은이들은 일찍 일어나고, 늦게까지 일하는 새가 먹이를 잡는다는 것을 안다. 그래서 두 가지 다가 되겠다고 열심히 움직인다.

이런 문제를 놓고 잭 웰치와 이야기를 나눈 적이 있는데, 그가 워낙 유명한 워커홀릭이기 때문이다. 그는 균형이란 말을 싫어했다. "균형은 안 좋은 말입니다." 그는 이렇게 말했다. "하지만 내가 하고자 하는 말의 요점을 잘못 이해하면 안됩니다. 단순한 균형을 취하기보다는 일에 우선순위를 두자는 것입니다. 예를 들어 나는 그동안 일을 하면서 8월에 휴가를 가지 않는다거나, 한달 내내 골프를 한번도 치지 않은 적은 없습니다. 겨울에 아이들과 함께 스키 타러 가지 않은 적도 한번도 없고요. 일이 먼저일 때도 있고, 가족이 먼저일 때도 있습니다. 일을 할 때는 나의 모든 것을 100% 던져서 몰두합니다. 또한 애들과 스키를 탈 때는 100% 아이들에게 몰두하지요."

나는 일할 때건 놀 때건 무엇을 하든 열정적으로 하는 것을 좋아한다. 그러다 보면 무리하기가 쉽다. 그런 경향이 있다는 걸 알고 고쳐

보려고 하지만 잘 안 된다. 최근에는 일이 너무 많아서 굳이 이렇게 살아야 하는가 하는 생각이 들기도 했다. 이제 아무 걱정 없이 편안하게 지내기는 글렀구나 하는 생각이 들었다. 쉬는 날 "우리 나초 먹으러 갈까" 하며 친구를 불러내 놀던 초창기 시절이 생각나기도 했다. 걱정 없던 그 시절의 마리아는 어디로 갔단 말인가?

하루는 저녁에 일에 지쳐 녹초가 다 되어서 집에 들어가서는 가방을 거실 바닥에 내팽개치고 소파에 털썩 쓰러져 누우며 놀란 표정의 남편을 보고 이렇게 선언했다. "더 이상은 못해 먹겠어! 이제 일 그만 할 거야." 그리고 푹 자고 다음날 아침이 되면 나는 다시 일하러 나갔다.

하지만 너무 과로하면 결국 스스로를 망치게 된다는 것을 깨닫기 시작했다. 나는 실제 좌석보다 더 많은 좌석을 파는 항공사처럼 자신을 오버부킹하는 경향이 있었다. 그래서 하루는 내 보조원을 보고 이렇게 말했다. "이제부터 새롭게 살 거야. 앞으로 더블 부킹은 없어."

그녀는 웃으며 말했다. "오케이, 그러면 트리플 부킹도 없는 거죠?"

문제는 자신을 너무 혹사하다 보면 무언가를 잃게 된다는 것이다. 그건 여러분의 건강이 될 수도 있고, 인간관계가 될 수도 있다. 혹은 업무의 전문성을 잃게 될 수도 있다. 나는 2008년 9월에 찰리 로즈 쇼에 출연해 금융산업의 위기에 대해 이야기한 일을 계기로 이 교훈을 뼈저리게 깨달았다. 그날 나는 하루 종일 빽빽한 일정을 소화한 다음 그 인터뷰를 했다. 준비할 시간이 절대적으로 부족했고, 그게 그대로 드러났다. 한마디로 끔찍했다. 진행자인 찰리에게 돈을 줄 테니 그 테이프를 태워 버리라고 할 수만 있다면 그렇게 하고 싶은 심정이었다.

이튿날 아침에 나는 그 일 때문에 마음이 너무 무거웠다. "내 자신한테 너무 실망했어요." 남편을 보며 이렇게 말했다. "찰리 로즈 쇼를 완전히 망쳐났어요. 정말 바보 같은 말만 늘어놓았어요. 누구보다도 내가 잘 아는 문제인데, 말을 한마디도 제대로 못했지 뭐야."

항상 차분하고 합리적인 목소리를 잃지 않는 남편은 이렇게 말했다. "너무 자책하지 마. 과로한 거야. 이제 일을 좀 줄여야겠어. 당신은 슈퍼우먼이 아니잖아."

잭 웰치의 아내인 수지 웰치 여사는 나와 인터뷰하면서 자기가 슈퍼우먼이 아니라는 사실을 깨닫게 된 순간을 이렇게 이야기해 주었다. "아이 넷을 둔 워킹 맘 시절이었는데 하와이에서 열리는 보험업계 경영인 회의에 와서 연설해 달라는 부탁을 받았습니다." 그녀는 이렇게 말했다. "아이 둘을 데리고 갔는데, 그것 때문에 일을 완전히 망치고 말았어요."

수지는 웃으면서 그때 일을 이렇게 털어놓았다. "아이들을 훌라 댄싱 교실에 집어넣고는 홀을 가득 메운 경영인들 앞에서 연설을 하고 있는데, 아이들이 훌라 스커트를 입은 채로 강연장 안으로 뛰어들어 온 거예요. 그러고는 곧바로 연단 위로 뛰어 올라왔어요. 그 순간 아, 이제는 무언가 바꿔야 할 때가 되었구나 하는 생각이 들었습니다."

수지는 그 진실의 순간을 계기로 자기는 무슨 일이든 다 할 수 있다는 전제를 다시 따져 보게 되었다. 누구에게나 한계가 있다. 2009년 2월에 당시 오바마 대통령의 수석경제보좌관이던 래리 서머스는 백악관에서 열린 재정책임 관련 회의석상에서 졸았다가 구설수에 올랐다. 연단에 앉아서 졸다니! 나는 그의 입장을 이해한다. 잠이 부족하면 어쩔 도리가 없는 것이다.

승리에서 배운다

개리 카스파로프

오래된 격언 가운데 실수를 통해 배운다는 말이 있다. 하지만 개리 카스파로프는 그 말을 완전히 다른 각도에서 내게 각인시켜 주었다. 체스를 통해 배우는 게 무엇이냐는 질문을 그에게 던져 보았다. 오랫동안 세계 챔피언 자리를 유지하면서 어떤 교훈을 배웠을까? 그런데 전혀 예상 밖의 대답을 내놓는 것이었다. "대부분의 사람들은 자기가 저지른 실수를 분석하면서 '이건 이렇게 했어야 하고, 저건 저렇게 했어야 했는데' 라는 말을 합니다. 하지만 나는 항상 이긴 게임을 분석하며 내가 잘한 거야. 그런데 좀 더 잘할 수는 없었을까 하고 스스로에게 묻습니다." 그의 말을 들으며 나는 느낀 바가 많았다. 실패한 일에 대한 생각에만 골몰할 수도 있다. 그렇게 하면 자신의 능력보다는 자신의 약점이 더 부각된다. 개리처럼 긍정적인 생각을 하면 스스로 동기 부여가 되고 자신의 관심을 한곳에 집중시킬 수가 있다. 나는 그가 보여준 통찰력이 엄청나게 값진 것이라고 생각했다. 그것은 진정한 투사의 정신자세였다. 승리를 분석하고, 거기서 다음 '시합' 에 사용할 교훈을 찾아내는 것이다.

수지 웰치 여사의 10-10-10

단련은 지구력의 초석이 된다. 단련은 여러분이 하는 일에 따라 여러 행태를 지닌다. 내 경우에 단련은 준비를 갖추고 시장에서 벌어지는 일을 정확하게 파악하고, 초대 출연자들에게 어떤 것을 물어 봐야 할지 정확하게 아는 것이다. 단련의 또 다른 형태는 매일 TV에 출연하며 내 모습이 잘 나오도록 준비하는 것이다. 그러기 위해서는 너무 늦게 잠자리에 들어서도 안 되고, 좋아하는 고 칼로리 파스타를 먹고 싶은 대로 마구 먹어서도 안 된다. 그렇게 하면 얼굴과 히프에 금방 표시가 난다. 비주얼 미디어에 나오려면 비록 죽기보다 더 어려운 일이라 하더라도 자신의 외모에 신경을 써야 한다. 우리 방송국의 이른 아침 모닝쇼 진행자들도 마찬가지다. 새벽 3시에 일어나 아침 7시면 두 눈을 말짱하게 뜨고 말끔한 모습으로 카메라 앞에 앉기 위해서는 엄청난 단련이 필요하다. 시청자들은 잠옷 바람으로 쇼를 즐길 수가 있지만 진행자들은 그럴 수가 없는 것이다.

단련은 또한 장단기 계획을 세워 놓는 것을 의미한다. 이는 수지 웰치 여사의 2009년도 저서 '텐-텐-텐:인생이 달라지는 선택의 법칙' 10-10-10:A Life-Transforming Idea에 소개된 아이디어이기도 하다. 그녀는 내게 이렇게 말했다. "결정을 즉흥적으로 내리면 여러분이 삶을 사는 게 아니라, 삶이 여러분을 끌고 가는 게 됩니다." 그녀는 모든 결정과 상황에 다음과 같은 세 가지 질문을 갖고 대처하라고 권한다. '이 일이 앞으로 10분 뒤에 내게 어떤 영향을 미칠까? 이 일이 앞으로 10개월 뒤에 내게 어떤 영향을 미칠까? 앞으로 10년 뒤에 이 일이 내게 어떤 영향을 미칠까?' 기본적으로 말해 10-10-10 법칙은 수지 여사가 과거 여러 가지 힘든 결정을 내려야 할 시절에 처음 개발한 인생 경영 도구이다. 그녀는 하는 일이 부담스러울 정도로 너무 많았고, 그래서 장단기적으로 고려할 사항에 균형을 취할 방법이 필요했다. 항상 이리 뛰고 저리 뛰고 하며 아슬아슬하게 살고 싶지도 않고, 장기적인 고민 때문에 옴짝달싹 못하며 지내고 싶지도 않았다. 이 책에서 수지 여사는 10-10-10 법칙을 도입해서 일의 능률과 만족감을 높인 많은 사람들의 이야기를 소개하고 있다. 나도 해보니 정말 효과가 있었다. 이 방법에 대해 읽어 본 다음부터는 중요한 결정을 내리거나 보도를 준비할 때 나도 모르게 10-10-10을 따져 보게 되어서 나도 놀랐다. 특히 나 같은 리포터들은 방송하는 순간만 지나면 그뿐이라는 생각을 하기가 쉽다. 모두들 '특종' 만 생각하는 나머지 서둘러 판단을 내리려 드는 것이다. 나는 힘들더라도 더 깊이 있는 보도를 하지, 쉬운 길을 택했다가 나중에 내 이름에 손상을 입힐 짓은 하지 않으려고 한다. 그날그날 일어나는 일을 보도하면서도 마음속으로는 장기적인 안목을 유지하려고 노력한다.

세상에 이 사람이 노인네였대!

워런 버핏의 묘비명

외종조부이신 찰스 매나가라치나는 나의 우상이셨다. 할아버지는 2004년에 104살의 나이로 돌아가셨다. 할아버지의 장수 비결은 하루도 일을 쉬신 적이 없다는 것이라고 생각한다. 100살을 넘기고도 마찬가지셨는데 돌아가시기 직전까지도 정원에서 풀을 뽑으셨다. 매일 무슨 일이든 하시고, 무슨 일이든 성취하셨다. 그것이 그분을 살아 있게 했던 것이다.

내 명함정리기 롤로덱스에는 젊은 사람 못지않은 열정과 에너지를 가진 70대, 80대, 그보다 더 나이 든 사람들이 가득하다. 나는 그런 분들을 좋아한다. 가끔 나는 팔순 노인 50명을 한 방에 모아놓으면 세상에 못 할 일이 없을 것이란 생각을 해보곤 한다.

2009년 4월에 전직 대통령인 조지 H. W. 부시(41대)가 텍사스 A & M 대에 있는 자신의 기념도서관에서 자신이 주최하는 경제리더십 포럼에 패널로 참석해 달라고 나를 초청했다. 생각을 일깨워 주는 활발한 토론이 펼쳐진 멋진 행사였다. 하지만 가장 큰 감명을 받은 것은 포럼 시작 전에 조지 부시와 바버라 부시 부부가 사는 아파트를 방문한 일이었다. 우리 일행이 현관문으로 들어서자 부시 대통령은 자리에서 벌떡 일어나더니 달려나와 우리를 맞았다. 84세에 그는 신체적으로나 지적으로 모두 활력이 넘쳤다. 80세 때 대통령은 비행기에서

낙하산을 메고 뛰어내려 헤드라인을 장식했다. 그는 85세 생일 때도 한번 더 뛰어내릴 계획이라고 했다. (말로만 그친 게 아니었다. 2009년 6월 12일에 전직 대통령 부시는 골든나이트 부대원인 마이크 엘리엇 하사와 함께 뛰어내렸다.)

워런 버핏은 자기 묘비명에 이렇게 쓰고 싶다고 말한 적이 있다. "세상에, 이 사람이 노인네였대!" 아무런 미련 없이 사는 비결은 나이 들어서도 젊게 사는 것일지 모른다. 젊게 죽어가는 것이다. 성공을 지속시키는 핵심적인 요소는 신체적, 정신적인 활력이다. 그 활력을 유지시키도록 하라.

9

목표 의식

가장 중요한 게 무엇인지 재점검하라

프레디 맥 CFO 데이비드 켈러맨의 죽음

2009년 4월 22일 아침에 일어나니 프레디 맥의 재무채임자CFO 인 데이비드 켈러먼이 자살했다는 가슴 아픈 뉴스가 전해졌다. 향년 44세였다. 뉴욕증권거래소에 나가서 방송을 하는 내내 그에 대한 생각이 머릿속에서 떠나지 않았다. 많은 사람들이 같은 생각이었다. 그의 자살은 우리 모두를 우울하게 만들었다. 그를 직접 만난 적은 한번도 없었지만 아주 행복한 생활을 해온 사람임에 틀림없었다. 멋진 가족에다 자기가 좋아하는 일을 한 사람이었다. 그런데 무엇이 그 행복한 삶을 바꾸어 놓았던 것일까? 깊은 사정을 다 알 수는 없겠지만, 그가 엄청난 스트레스에 시달렸던 사실만은 분명하다. 재무부에서 프레디 맥의 사무실을 압수수색한 이후 몇 달 동안 그는 수십 억 달러의 손실을 입고 정부의 조사를 받고 있는 회사를 정상화시키기 위해 매달렸다. 친구들의 말에 따르면 체중이 크게 줄었고, 자살 직전에는 회사의 인력담당 중역이 너무 무리하지 말라며 잠시 쉬는 게 좋겠다는 의견을 전달했다고 한다.

데이비드 켈러먼이 택한 행위를 변호할 수는 없겠지만, 사람들이 업무나 직책에 몰두한 나머지 방향감각을 상실하거나 자신의 몰락을 감당하지 못하는 경우에 일어나는 위험한 소용돌이를 나는 알고 있다. 데이비드 켈러먼이 힘든 금융위기 기간 중에 자살을 택한 유일한 사람은 아니다. 다른 사람들도 있다. 나는 죽음을 택한 본인과 유가족들에게 위로의 마음을 전한다.

어디를 가든 사람들은 지친 모습이다. 데이비드 켈러먼 같은 이들은 그걸 감당하지 못한 것이고, 다른 이들은 이때를 자신의 삶을 되돌아보고, 자신의 목표를 재점검해 보는 기회로 이용하는 차이가 있을 뿐이다. 그런 사람들은 실제로 이렇게 말하며 여유를 가지려고 한다. '햐! 이것 봐라. 여기서 중요한 게 과연 뭐지?'

　어려운 시기에는 여러분의 삶에서 핵심적인 목표가 무엇인지 찾아서 그걸 받아들이는 게 스스로를 지키는 길이다. 역경에도 흔들리지 않는 게 여러분의 진정한 목표다. 그 목표는 여러분이 무엇을 갖고 있는지, 다른 사람이 여러분에 대해 어떻게 생각하는지, 그리고 여러분이 그날그날 이루는 성공이나 실패에 좌우되지 않는다. 유명한 홀로코스트 생존자로 '삶의 의미를 찾아서' Man's Search for Meaning의 저자인 빅터 프랑클은 목표를 가진 사람은 자신의 존재 이유를 알 뿐만 아니라 살아가는 과정에서 어떤 역경이든 감당해낼 수 있다고 했다.

쉬는 기회를 활용하라

펩시코 CEO 인드라 누이

남부에 있는 한 대학에서 학생들 앞에서 강연을 한 다음 공항으로 가는 길이었다. 운전기사는 젊은 남자였는데 졸업을 눈앞에 둔 4학년 학생이었다. 그와 이런저런 이야기를 나누게 되었는데, 시간이 아까운 듯 내게 궁금한 걸 모조리 묻는 것이었다. 여행도 하고 싶고, 여러 나라 말도 배우고 싶고, 재미있는 일도 해보고 싶고, 열심히 공부도 해보고 싶다고 했다. 하지만 하나같이 희망사항에 지나지 않았다. 왜냐하면 일자리를 구하는 게 급선무라고 했기 때문이다. 그렇지만 "경쟁이 치열해 쉽지가 않습니다"라고 그는 말했다.

그의 말을 들으면서 나는 이 젊은이 나이가 얼마쯤 되었을까, 그리고 세월이 참 빠르다는 생각을 하고 있었다. 우리 모두 언젠가는 해보고 싶은 그런 꿈들을 가지고 있다. 하지만 우리들 가운데 그런 꿈을 실제로 실현시키려고 해본 사람이 과연 얼마나 될까? 나는 펩시코의 CEO인 인드라 누이가 나보다 한 시간 앞서 같은 학생들에게 들려준 이야기가 생각났다. 일자리를 구하며 보내는 시간은 정말 힘들지만 그게 기회가 될 수도 있다는 것이었다. 보수도 많고 번듯한 일자리를 구하는 데 집착하지 말고, 자신보다 못한 사람들을 진정으로 돕는 기회로 활용해 보라는 것이었다.

"경제가 어렵죠." 나는 이렇게 말했다. "그러니 지금 당장 일자리를 구하는 대신, 이 기회를 이용해 색다른 일을 해보는 게 어때요? 앞으로 열두 달 동안 세계로 나가 삶이 어떤 것인지 한번 경험해 보는 것이지요. 왜냐하면 나중에는 그런 경험을 절대로 하지 못할 테니까요. 일단 취업 전선에 뛰어들고 나면 한 달 동안 하와이 여행을 한다거나 유럽으로 배낭여행을 떠나지는 못할 거예요. 지금이 바로 적기예요. 아니면 여러 가지 일을 해보는 것도 괜찮겠지요. 자기가 좋아하는 일인지 아닌지 궁금했던 일들을 해보는 겁니다. 그렇게 하면 가장 중요한 열두 달이 될 거예요. 그런 과정을 통해 당신이 정말로 좋아하는 일이 무엇인지 알게 될 겁니다."

단언컨대 그 청년은 나에게서 이런 말을 듣고 놀랐을 것이다. 하지만 나는 그가 내 말을 진지하게 받아들였으면 좋겠다. 너무도 많은 학생들이 졸업하고 나서 어떻게 하나를 놓고 쓸데없는 걱정을 한다. 어려운 경제 상황을 학생들 손으로 어떻게 해볼 도리는 없다. 학생들이 컨트롤할 수 있는 것은 자신의 행동뿐이다. 다시 말하지만, 졸업한 다음 해부터 곧바로 돈벌이에 혈안이 되지 않는다면, 여러분이 할 일은 얼마든지 있다.

의미있는 삶과 성공한 삶

디팩 초프라의 충고

사람들은 정상에 있건, 아니면 성공하기 위해 노력 중이건 상관없이 기를 쓰고 삶의 의미를 찾으려고 한다. 그들은 만족을 찾고 싶어 하지만 성공과 의미있는 삶을 모두 충족시키는 게 가능할지에 대해서는 자신을 못한다. 이에 대한 답을 구하고자 나는 영적인 지도자 디팩 초프라 박사를 찾았다.

우리 프로에 출연해서 그가 들려 준 통찰력은 흥미진진했다. 그는 자기 경험에 비추어 볼 때 기업인들은 가능한 한 최고의 인간이 되고 싶어 한다고 했다. 그것도 자기 자신뿐만이 아니라 다른 사람이 필요로 하는 것도 함께 채워 주고 싶어 한다는 것이었다. 그는 이렇게 말했다. "켈로그 비즈니스 스쿨 세미나에서는 리더라면 자기가 영향을 미치는 모든 사람들을 생각해야만 한다는 말을 합니다. 여러분이 이끄는 기업을 성공으로 이끌고 싶다면 함께 일하는 팀에 관심을 쏟아야 합니다. 함께 일하는 사람 모두가 함께 가도록 해야 합니다. 여러분이 고용한 종업원들이 건강하고, 창의력을 발휘하고, 삶의 의미를 찾도록 해주어야 합니다. 회사 생활에서뿐만 아니라 개인 생활에서도 그렇게 되도록 해주어야 합니다. 개인적인 삶과 업무와 관련된 삶을 구분해서는 안 됩니다."

나는 원칙적으로 그의 말에 동의하면서도 내가 아는 많은 사람들이 갖고 있는 우려를 이야기해 주었다. 그것은 바로 미친 듯이 돌아가는 현실 세계에서 경제적인 번영과 삶의 의미를 충족시키는 것이 항상 양립 가능한 목표는 아닌 것 같다는 우려였다.

디팩 박사는 내 말에 동의하지 않았다. "모든 종류의 욕구를 다 고려해야 합니다. 생존, 안전, 물질적 풍요, 성공, 사랑과 소유, 자기 만족과 자긍심, 더 높은 가치 등이 있겠지요. 사람들에게 이렇게 물어봐야 합니다. '무엇을 원하십니까? 여러분은 누구입니까? 어떻게 하면 여러분의 삶이 더 충만해질 수 있습니까?' 그런 다음 팀원들로부터 창의적인 생각들을 모아서 비전을 만들고, 그 비전을 실현하기 위한 실천 방안을 만들도록 해야 합니다."

그는 이렇게 말을 이었다. "하지만 원칙은 하나밖에 없습니다. 남보다 뛰어나기 위해 노력하되 성공은 염두에 두지 않는 것입니다. 뛰어나도록 하는 데 집중하면 성공은 따라오게 됩니다." 나는 그가 하는 말이 아주 의미 깊고 옳은 말이라고 생각했다. 나도 일을 하면서 '성공하고 말겠다'는 목표를 세운 적은 한번도 없었다. 그저 꿈을 좇았을 뿐이고, 내가 이루고 싶은 것을 따라 했을 뿐이다. 그렇게 하면 어떻게 될 것이라고 구체적인 생각을 해본 적이 없다. 하지만 매일 TV에 나오지 않더라도 좋아하는 일을 잘하고, 내가 세운 목표를 이루어 나간다면 마음속으로는 스스로 성공한 사람이라고 부를 수 있을 것이라고 생각했다. 만족을 느낀다면 진정한 성공을 이룬 것이다.

감사하라

진정한 로커 조이 레이먼이 남기고 간 것

CNBC로 옮겨 자리를 잡기 시작하던 무렵인 1990년대 말에 나는 조이 레이먼이라는 남자로부터 이메일을 수시로 받았다. 그는 투자와 주식시장과 관련해 아주 날카로운 분석을 보내왔고, 내가 방송에서 한 말에 대한 코멘트도 해주었다. 한동안 나는 그 이메일을 그냥 무시했다. 내가 아는 레이먼이라는 이름의 남자는 록그룹 레이먼즈에서 활동하는 펑크 로커뿐이었는데, 이메일을 보내는 남자가 그 조이 레이먼이라고는 생각지 않았다. 내 음악적 취향은 아이팟에 프랭크 시내트라, 셜리 배시 노래를 담아 다닐 정도로 아주 구식인 편이다. 그러다 하루는 이메일에 담긴 내용이 너무 지적이고 해박해서 답장을 보냈다. 그런데 세상에, 이메일을 보내는 주인공이 진짜 조이 레이먼이었다. 그 사람이 정말 돈에 대해 아주 해박한 지식을 갖고 있었던 것이다. 우리는 수시로 이메일로 대화를 나누고, 전화 통화도 여러 차례 했다. 그렇게 여러 해 동안 친분을 나누던 어느 날 조이가 내게 전화를 걸어와서는 "당신을 주제로 노래를 한 곡 만들었어요"라고 하는 것이었다. 그러고는 이렇게 말했다. "자정에 CBGBs로 와서 내가 부르는 걸 한번 들어 보실래요?"

나는 웃으며 이렇게 대답했다. "조이, 그 말 들으니 정말 기분이 좋군요. 하지만 나는 새벽 네 시에 일어나야 하는 사람입니다. 자정에 내가 있어야 할 곳은 침대밖에 없어요.”

　조이는 그래도 물러서지 않았다. 그래서 결국 나는 우리 카메라 크루가 가서 공연을 찍어오겠다고 약속했다. 너무도 황홀했다. 장발을 휘날리는 로커가 나와 주식시장을 주제로 한 노래를 부르고 있었다. 이런 가사였다.

　　　월스트리트에서 무슨 일이 벌어지는지

　　　주식시장에서 무슨 일이 벌어지는지

　　　나는 알고 싶다

　　　스퀴크 박스에서 무슨 일이 벌어지는지

　　　내 주식에 무슨 일이 벌어지는지

　　　나는 알고 싶다

　　　나는 매일 TV에서 당신을 본다

　　　당신의 두 눈을 보면 모든 게 OK

　　　나는 매일 낮 그녀를 본다

　　　나는 매일 밤 그녀를 본다

　　　하지만 그녀는 내가 바라볼 수 없는 사람

　　　마리아 바르티로모, 마리아 바르티로모, 마리아 바르티로모

　그는 진정한 로커였다. 하지만 조이는 한번도 자기가 아프다는 말을 내게 한 적이 없었고, 그게 그의 마지막 공연 중 하나가 될 줄은 꿈에도 몰랐다. 그는 2001년에 림프종으로 숨을 거두었다.

　그의 사망 소식을 듣고 나는 엄청나게 후회가 되었다. 그때 딱 한번

만이라도 가서 밤새 그의 공연을 지켜보았더라면 얼마나 좋았을까. 그때서야 깨달았다. 기대하지 않았던 선물이 우리 앞에 나타나면 잠시라도 시간을 내어서 감사할 줄 알아야 한다. 선물을 보내온 그 사람이 내일이면 우리 곁에 없을 수도 있기 때문이다. 그때부터 나는 내 주위에 있는 사람들에게 좀 더 신경을 쓰고, 시청자들의 소리도 더 신경 써서 들으며, 보통사람들이 일방적으로 보내오는 통찰력이 담긴 코멘트들에 대해서도 더 감사하며 살고 있다.

가족의 힘

마틴 소렐 부자父子

우리는 동료와 업계 사람들 사이에 네트워킹을 만들고 지지 기반을 구축하는 게 중요하다는 말을 항상 한다. 하지만 운이 좋다면 여러분은 이미 가장 든든한 후원 조직, 다시 말해 가족을 갖고 있다. 내가 인터뷰한 수많은 사람들이 가족이라는 후원 조직이 성공의 열쇠가 되었다는 말을 했다. 가족은 어떤 일이 있어도 여러분을 지지하는 사람들이다. 내 친구 한 명은 자기 엄마가 자기만 보면 천재라고 한다며 웃었다. "우리 엄마니까 당연히 그렇게 생각하실 수 있는 거지"라고 그는 말했다. 하지만 그 말을 할 때 그의 두 눈은 자신감으로 반짝였다. 엄마의 무조건적인 지지가 그에게 내적인 자신감을 가져다 준 것이다. 그런 자신감은 다른 곳에서는 얻을 수 없는 것이고, 그 친구도 그렇다는 사실을 알고 있다. 그의 엄마는 그가 하는 사업에도 망설임 없이 참견을 하고, 매사에 거침없는 의견을 내놓는다.

나는 가족이 나를 키운 온상이라는 생각을 늘 해왔다. 어렸을 적에는 그렇게 생각하지 않은 적도 있었지만, 어쨌든 그런 가족이 있다는 점에서 나는 행운아다. 아직도 생생하게 기억나는데 십대 때 이런 일을 겪은 적이 있다. 남자친구와 헤어지고 나서 지하실에 처박혀 울고 있는데 엄마가 그 사실을 알게 되었다. 나는 엄마한테 속상한 마음을 다 털어놓았고, 엄마는 있는 말 없는 말로 나를 위로해 주셨다. 그래도 마음이 가라앉지 않고, 자존심이 너무 상했다. 나는 엄마께 다른 사람한테는 절대로 말하지 말라고 부탁했고, 엄마도 "걱정 마라, 말하지 않으마"라고 다짐을 했다. 그런데 엄마는 이층으로 올라가시더니 불과 몇 초도 안 되어서 아빠, 동생들한테 내 이야기를 다 하는 것이었다. 어이가 없었다. 엄마가 어떻게 저럴 수가 있어? 지금도 그날 일을 생각하면 저절로 웃음이 난다. 왜냐하면 그게 우리 가족이었기 때문이다. 우리는 한 몸이었고, 항상 그랬다. '내 문제'라는 것은 없었다. 모든 게 '우리 문제'였던 것이다. 그런 사실은 내가 성공하는 데 있어서 매우 중요한 요소였다. 내가 비틀거리면 가족이 나를 붙들어 줄 것이라는 걸 알기에 나는 성공할 것이라고 자신했다. 엄마와 아빠, 그리고 동생들 이름을 부르면 활력과 자신감이 내 몸속으로 흘러들어 오는 것 같은 기분이 느껴진다. 내가 잘되면 그들도 행복해하고, 내가 힘들 때는 그들이 나를 부축해 준다. 그리고 그들은 항상 나를 웃게 만든다.

마틴 소렐 경도 1989년에 돌아가신 자기 아버지와의 관계에 대해 우리 가족과 비슷한 이야기를 들려 주었다. "아버지와는 엄청나게 가까운 사이였지요." 그는 이렇게 말했다. "아버지는 나의 제일 친한 친구였고, 최고의 어드바이저였습니다. 절대 과장이 아니라 나는 아버지와 하루에 서너 번씩 이야기를 나누었어요. 1987년에 J. 월터 톰슨, 1989년에 오길비 그룹을 상대로 소위 적대적 기업인수 작업을 하던 와중에도 그랬어요. 엄청나게 바쁜 시기였는데 말입니다. 친구이자 아버지, 어드바이저, 카운슬러로 아버지는 나와 이야기를 나누었습니다." 나는 마틴 경의 말에 큰 감동을 받았다. 돌아가신 아버지가 얼마나 그리울까 하는 생각이 들었다. 마틴 경은 가족이 있었기 때문에 그처럼 자신 있게 사업을 확장시켜 나갈 수 있었을 것이다. 너무도 많은 경영인들이 내게 비슷한 이야기를 해주었다. 가족으로부터 얻는 정서적인 지원은 성공에 있어서 대단히 중요한 요소다.

아무리 바쁘더라도 시간을 내서 여러분의 어머니, 아버지께 안부 전화를 하라. 가족으로부터 힘을 얻는 것이야말로 성공의 첫번째 법칙이다.

일의 우선순위를 조정하라

삶이 우리를 속일 때

살다 보면 커브볼이 날아오는 것처럼 엉뚱한 일이 일어나 눈 깜짝할 새 여러분의 우선순위를 바꿔 놓는다. 그게 인생이다. 나는 몇 년 전 엄마가 편찮으시면서 이런 사실을 실감했다. 서부로 하이킹을 하는 도중에 엄마에게 전화를 걸어 정형

외과 진찰 결과가 어떻게 나왔는지 물어보았다. 엄마는 그때 무릎관절 치환 수술을 받기로 되어 있었다.

엄마는 흥분해서 이렇게 불평을 늘어놓으셨다. "도대체 무슨 곡절인지 모르겠구나. 무릎 수술을 받겠다는데, 글쎄, 무릎은 나중에 하고 폐 X레이부터 찍자는 게 아니니. 찍으라니 찍기는 했다만 도대체 폐가 무릎하고 무슨 상관이 있는지 모르겠다. 그런데 이제 다른 검사를 또 하자는구나."

예감이 좋지 않았다. 나는 담당 의사에게 직접 전화를 걸었다. "선생님, 우리 엄마한테 무슨 문제가 있는 거죠?" 나는 조바심을 내며 이렇게 물었다.

그는 심각한 어조로 대답했다. "폐에서 작은 혹이 하나 발견됐습니다. 정밀검사를 해봐야겠어요. 최악의 경우 폐암일 수도 있습니다."

도저히 믿겨지지가 않았다. "엄마는 평생 담배라고는 입에 댄 적이 없으세요. 그리고 아주 건강하시고요. 지금도 매일 일을 하세요." 하지만 이렇게 말을 하면서도 엄마가 여러 해 동안 담배연기가 자욱한 장외경마도박장OTB에서 일했다는 생각을 떠올렸다. 간접흡연을 하신 것이다.

나는 즉각 비상체제에 돌입했다. 아는 의사에게 모두 전화를 걸어 엄마 이야기를 했다. 이튿날 집에 도착하니 진찰결과가 나와 있었다. 폐암 초기였고 곧바로 수술 날짜가 잡혔다.

만사를 제쳐놓고 엄마한테 매달렸다. 수술을 받고 회복하는 내내 엄마 생각뿐이었다. 그때 나는 몇 가지 일을 동시에 진행하느라 아주 바빴다. 그런데 갑자기 누군가가 플러그를 확 뽑아 버린 것만 같았다. 갑자기 모든 게 딱 멈춰서고 엄마 생각만 나는 것이었다.

수술은 성공적으로 되었고 암은 재발하지 않았다. 무릎 수술은 최근에 와서야 받았다. 하지만 요즘에도 나는 가끔씩 일이 과중하고, 잠시도 시간을 내기 힘들 때면 그때 일을 생각한다. 그 위급한 순간에 나는 일의 우선순위를 즉각 바꾸어서 가장 우선적으로 해야 할 일에 매달렸던 것이다. 그리고 엄마가 무릎이 안 좋다고 불평을 하시면 무릎한테 고마워해야 한다고 했다. 결과적으로 무릎 검사 때문에 폐 CT 촬영까지 받게 된 것이기 때문이다. 그러니 무릎에 감사해야 하는 것 아니냐고.

중요한 건 사랑이야!

온라인 매칭 사이트 E-하모니의 CEO인 그레그 월도프는 경제가 급전직하로 내려앉을 때 자기 사업은 오히려 번창했다고 했다. 이유는? 사람들이 사랑에 투자했기 때문이라는 것이었다. "경제적 어려움이 사람들로 하여금 정신이 들게 해서 우선순위를 장기적인 관점에서 재조정하게 만든 것입니다"라고 그는 말했다.

그의 말을 들으며 나는 중요한 사실 하나를 깨닫게 되었다. 성공을 향해 나아가는 것은 유쾌한 일이지만 그것은 자칫 여러분을 위험한 도전으로 내몰 수도 있다. 사랑, 가족, 우정 같은 것이 균형을 이루면 여러분에게 보다 균형된 시각으로 완충 효과를 만들어 주게 된다. 내가 인터뷰한 성공한 사람들 가운데 많은 이들이 사랑을 없어서는 안 될 중요한 요소로 들었다. 잭 웰치는 내게 60대 후반에 수지를 만나 인생이 바뀌었고, 영혼의 동반자라는 소중한 선물을 알아 볼 수 있도록 눈이 번쩍 뜨이게 되었다고 했다.

아침에 웃으면서 일어나라
조 플루메리의 보이스 메시지

결혼할 때 남편에게서 들은 아주 감동적인 이야기를 하나 소개하겠다. 남편은 이렇게 말했다. "당신과 결혼해야겠다는 마음을 굳힌 게 언젠지 알아? 그건 당신이 아침에 눈을 뜨면서 깔깔 웃은 날이었어. 내가 '왜 웃어?' 라고 물었더니 당신은 이렇게 대답했지. '아이스크림 콘 먹는 꿈을 꾸었어요.' 그 말을 듣고 나는 이렇게 달콤하고 천진난만한 꿈을 꾸고, 아침에 웃으면서 눈을 뜨는 사람과 평생을 함께하고 싶다는 생각을 굳혔어."

행복은 전염된다. 모든 사람들은 행복해하고, 긍정적이고, 낙관적인 생명력을 발산하는 사람들 곁에 있고 싶어 한다. 윌리스 그룹의 CEO인 조 플루메리는 내가 진행하는 프로에 여러 번 출연한 사람이다. 보험업계 돌아가는 이야기를 듣고 싶을 때 그는 훌륭한 취재원이 되어 준다. "나를 당신 할머니라고 생각하고 편안하게 이야기해 주세요"라고 부탁하면 그는 정말 그렇게 한다.

하루는 AIG가 위기에 휘말렸을 때 그의 핸드폰으로 전화를 걸었더니 보이스 메시지가 나왔다. 그런데 그건 내가 지금까지 들어본 메시지 중에서 제일 행복한 메시지였다. "하이, 저는 조예요. 오늘도 멋진 하루 되시기 바랄게요. 즐겁게 보내세요." 웃음이 절로 나왔다. 그 메시지만 듣고도 기분이 한결 좋아졌다. 그래서 나도 이렇게 메시지를 남겼다. "조, 마리아 바르티로모예요. 이 통화를 끝내는 즉시 나도 보이스 메시지를 바꿀 거예요. 당신 게 업비트인데, 나도 그렇게 할 거예요. 시간 나면 연락 주세요. 멋진 하루 보내세요."

나는 그날 바로 내 보이스 메시지를 이렇게 바꾸었다. "하이, 저는 마리아 바르티로모예요. 전화해 주셔서 정말 감사드려요. 지금은 전화를 받을 수 없군요. 메시지를 남겨 주시면 곧바로 전화 드릴게요. 멋진 하루 보내세요. 그리고 웃는 거 잊지 마세요."

나는 행복한가?

행복과 성공의 공존

디팩 초프라는 성공과 행복에 대한 나의 생각을 바꾸어 놓았다. "요즘 전 세계적으로 웰빙이 제일 큰 트렌드입니다." 그는 이렇게 말했다. "개인의 웰빙이건 생태적인 환경의 웰빙이건, 아니면 월스트리트의 웰빙이건 관계없이 말입니다."

그는 갤럽이 하는 일에 학문적인 어드바이스를 해준다고 했는데, 갤럽과 함께 세계 각국의 행복지수를 작성하고 있었다. "미국은 한참 뒤처져 있습니다." 그는 이렇게 말했다. "25개 나라 가운데서 16위나 17위쯤 됩니다. 세계에서 제일 행복한 나라는 나이지리아, 멕시코, 푸에르토리코, 부탄 같은 나라입니다."

"왜 그렇죠?" 나는 좀처럼 믿을 수가 없어서 이렇게 물었다. 하지만 그는 아주 간단하게 설명했다. "그 사람들은 행복을 측정하는 방법이

다르기 때문입니다. 심지어 쿠바도 미국보다 한참 앞섰어요. 쿠바에 가 본 적이 있는데 거리를 걸어 다녀 보니 거리의 가수들, 공원에서 사랑을 나누는 연인들, 손주들과 함께 노는 노인들이 보였습니다. 나를 안내하는 정부 관리에게 이렇게 물었습니다. '사람들이 어떻게 해서 저렇게 행복한가요?' 그랬더니 그 사람은 이렇게 대답했어요. '무엇을 살 돈이 없으니 관계에만 관심을 쏟기 때문입니다. 우리는 소비사회가 아니라 관계사회입니다.' 그 말을 듣는 순간 이런 생각이 머리를 스쳤습니다. '소비자! 통찰력과 직관력, 그리고 창의력과 상상력을 가진 인간을 묘사하는데 이 얼마나 추악한 단어인가.' 미국은 돈을 제일 많이 가지고 있지만 세계에서 제일 건강한 나라는 아닙니다. 최고의 기술을 갖고 있지만 그래도 세계에서 제일 건강한 나라는 아닙니다. 제일 행복하지도 않습니다. 제일 많은 무기를 갖고 있지만, 제일 불안정한 나라입니다. 이런 것들은 엉터리 신神입니다. 행복의 진정한 의미는 내적인 평화와 창의적인 정신, 만족감, 의미 있는 관계에서 나옵니다."

그의 말을 들으니 가슴이 뭉클했다. 갑자기 어떻게 하면 행복해질 수 있는지를 배우는 게 너무도 시급하다는 생각이 들었다. 어떻게 하면 미국에서 그런 가르침을 가르칠 수 있겠느냐고 물었다.

이번에도 그의 대답은 간단했다. 자기는 기업의 지도자들과 이야기를 나눌 때 일단 자리에 앉으라고 한 다음 눈을 감고, 다음과 같은 두 가지 질문에 답해 보라고 한다고 했다. "여러분은 누구입니까? 여러분이 원하는 게 무엇입니까?"

그들이 내놓는 답이라는 게 아주 의미심장하다. "그 사람들은 절대로 '나는 이 다국적 기업의 CEO이고, 돈을 더 많이 벌고 싶습니다' 라고 답하지 않습니다." 그는 이렇게 말을 이었다. "그들은 보통 이렇게 대답합니다. '나는 아이들의 아버지이고, 내 말에 책임을 질 줄 아는 사람입니다. 나는 다른 사람들을 행복하게 해주고 싶습니다. 나는 평화와 조화, 웃음, 그리고 사랑을 원합니다.' 자 결국 모두들 원하는 게 바로 이것입니다. 그런데 어떻게 된 영문인지 사람들은 돈이 많으면 이런 것들을 얻을 수 있다는 잘못된 생각을 하고 있습니다."

　행복은 일과 공존할 수 있다. 아니, 그렇게 되어야 한다. 워런 버핏은 내게 이런 말을 했다. "나는 나를 행복하게 만들어 줄 회사를 시작했어요. 내가 좋아하는. 나를 행복하게 만들어 주지 않을 사업을 왜 시작한단 말입니까?" 그는 성공을 행복과 바꾸어야 한다면 그런 성공은 무의미하다는 입장을 확고하게 갖고 있었다. "나는 매일 탭댄스를 추며 출근합니다." 그는 이렇게 말했다. "그렇게 해서 사무실에 도착할 때쯤이면 기분이 엄청나게 좋아요."

10

끈질김

일어나서 앞으로 나아가라

성공도 실패도 금방 지나간다

우리 부부는 얼마 전에 결혼 10주년을 맞았다. 지금 행복한 결혼생활을 하고 있지만 우리도 처음에는 두 사람의 관계가 너무 꼬여서 결혼까지 못 갈 뻔했다. 남편 조노와 함께하기로 한 것이야말로 내 인생에서 제일 중요한 컴백이라고 나는 단언한다.

우리는 1989년에 처음 만났다. 내가 뉴욕대를 갓 졸업하고 CNN에서 일할 때였다. 한 친구가 그리니치 빌리지에 있는 허름한 집에서 열리는 파티에 나를 초대했다. 그 친구의 사촌이 주최하는 파티였다. 그 사촌과 조노는 제일 친한 친구 사이였는데, 둘의 생일이 하루 차이여서 두 사람 생일파티를 같이 열기로 한 것이었다. 조노와 나는 첫눈에 서로 반했고, 그는 파티 바로 다음날 내게 데이트를 신청했다. 우리는 저녁 7시 30분에 맨해튼에 있는 한 레스토랑에서 만나기로 했다. 데이트하는 날 나는 퇴근 후 맨해튼에 있는 직장에서 곧바로 브루클린으로 서둘러서 갔다. 그때 나는 부모님과 함께 살았다. 외출 준비를 마치고 자동차에 오르니 그때 벌써 약속시간이 반 시간이나 지나 있었다. 길은 끔찍하게 막혔고, 시간은 자꾸 가고, 나는 초조해 죽을 것 같았다. 아무래도 일을 망칠 것 같았다. 한 시간은 족히 늦을 것 같아 레스토랑으로 전화를 걸었다. "바에 혼자 앉아서 기다리는 남자가 보이세요?"라고 물었더니 바텐더가 수화기를 조노에게 건네 주었고 나는 사과부터 했다. "지금 교통체증 때문에 갇혀 있어요. 그래도 기다리실 거예요?"

"물론이죠, 당신 보려고 나왔는데." 그는 부드러운 목소리로 말했다. "당신이 올 때까지 여기서 기다리겠어요."

그 말을 듣고 안심은 되었지만, 그가 긴 시간 동안 무엇을 하며 기다릴지 알 수 없는 노릇이었다. 나중에 그는 그때 바에서 나를 기다리며 스카치 위스키를 세 잔이나 마셨다고 했다. 만나고 보니 파티에서 만난 그 멋진 청년은 거의 한마디도 하지 않았다. 불편한 기분으로 식사를 하고 있자니 정말 재미없는 남자라는 생각이 들었다. 그날 밤 집에 돌아와서 엄마한테 이렇게 말했다. "더 이상 안 만날 거야. 인간미라고는 손톱만큼도 없는 남자야." 조노는 자기 친구들에게 내가 너무 무례하다고 했다. 그러면서 "더 이상 안 만나"라는 말을 했다는 것이다.

일 년이 그냥 지났고 우리는 그날 이후 만나서 이야기한 적이 없었다. 그냥 한번 만나고 끝난 첫 데이트들 가운데 하나였을 뿐이다. 하루는 소형주 관련 프로를 제작하고 있는데 사무실 동료 한 명이 이렇게 말했다. "조노 스타인버그한테 전화를 한번 해보지 그래. 잡지 '인디비주얼 인베스터' Individual Investor를 내는 사람인데, 별명이 소형주의 황제야."

그래서 나는 조노에게 전화를 걸었고 "오랜만입니다"로 시작해서 예의를 갖춰 이런저런 인사치레를 했다. 그런 다음에 나는 한번 찾아가서 제작 중인 프로와 관련해 인터뷰를 해도 좋겠느냐고 물었다. 그는 좋다고 했고, 우리는 인터뷰 약속을 잡았다. 당시 나는 야근조에서 일했는데, 남보다 더 잘하려고 죽자사자 일할 때였다. 소형주 프로는 내가 직접 기획해서 만드는 프로였다. 그런데 조노와 약속시간을 잡은 바로 다음날 나는 승진이 되어서 업무가 바뀌어 버렸다. 소형주 관련 프로는 내가 더 이상 맡지 않게 된 것이다. 그래서 나는 그에게 다시 전화를 걸어 이렇게 말했다. "나쁜 소식과 좋은 소식이 있는데 어느 쪽을 먼저 들으시겠어요?"

"좋은 소식부터 해주세요." 그는 고분고분한 투로 이렇게 대답했다.

"좋은 소식은 내가 승진을 해서 업무가 바뀌었다는 것입니다. 그래서 기분이 좋고요. 당장 내일부터 새 업무를 하게 됩니다. 나쁜 소식은 나와의 인터뷰 약속을 취소해야 한다는 거예요. 하지만 제작은 예정대로 진행되기 때문에 내 동료인 크리스 헌팅턴이 대신 가서 인터뷰를 할 거예요."

조노는 한동안 말이 없더니 이렇게 말했다. "없었던 일로 합시다. 그 인터뷰는 안 하겠어요." 그는 다소 언짢은 투로 말했다.

"왜 그래요?" 나는 무슨 영문인지 이해가 안 되었다. "그냥 하지 않겠어요." 그는 이렇게 대답했다. 나는 전화를 끊고 나서 이렇게 생각했다. '웃기는 남자네.' 조노는 전화를 끊고 이렇게 생각했다. '웃기는 여자 아냐.'

그걸로 모든 게 끝날 뻔했다. 하지만 그런 일이 있었음에도 불구하고, 그때부터 그는 나를 좋아하게 되었다. 이틀 뒤에 그가 전화를 걸어와 자기 아버지 사울 스타인버그의 이름으로 하는 자선행사에 같이 가자고 초대해서 나는 너무도 놀랐다.

'일이 도대체 어떻게 돌아가는 거야?' 이렇게 생각하며, 옷을 차려입고 그를 따라 갔다. 그날 저녁에 나는 조노에게 빠져 버렸다. 그는 자기 가족들과 너무도 따뜻하게 지냈고, 점잖게 행동했으며, 게다가 재미있었다. 우리는 연인 사이가 되었고, 몇 년 뒤에 결혼했다.

조노와 내가 결혼까지 가게 된 것은 우연히 그렇게 된 게 아니다. 우리 두 사람 모두 좋지 않은 첫인상에 얽매이지 않고 서로 상대의 입장에서 생각해 보기로 했기 때문에 결실을 보게 된 것이다.

끈질김은 다시 돌아올 수 있는 능력을 가리키며, 비록 오늘은 거리가 피로 물들어 있더라도 내일은 더 나을 것이라는 확신을 갖는 것에서부터 시작된다. 자신이 끈기가 있다는 사실을 확인하게 되는 유일한 기회는 시험에 처할 때이다. 하지만 끈질김을 갖게 해주는 품성은 스스로 키울 수가 있다.

나는 내가 낙관적인 유전인자를 타고났다고 생각하는 편이다. 그래서 어떤 상황에 처하더라도 더 강해진 모습으로 되돌아올 것이라고 믿는다. 나는 그런 믿음을 가진 가정에서 자라났다.

끈질김은 피해의식에 젖는 것과 정반대되는 것이다. 운명의 주인은 자기 자신이라는 믿음을 갖고, 운명의 결과도 자기 손으로 만들어 나가겠다는 것이다. 끈질김은 절망의 순간에도 가능성을 볼 수 있는 능력이다. 다시 말해 이렇게 말하는 능력이다. "전체적으로 보면 지금의 어려움은 아무것도 아니야. 나는 이 고통에서 무엇인가를 배워 앞으로 나아갈 거야."

금융 분야에서 일하다 일자리를 잃은 내 친구는 이런 말을 했다. "좋은 뉴스가 뭔지 알아? 내 나이 이제 서른아홉이라는 거야. 나는 앞으로 세 번 더 성공했다가 까먹을 수 있어. 그리고 마지막으로 한 번 더 일어설 거야."

지난해 여름에 레이크 타호에서 골프를 쳤다. 내 캐디는 그 클럽에서 프로로 활동하던 사람인데 감원 때문에 지금은 돈벌이로 캐디 일을 하고 있었다. 그는 아주 즐거운 생각으로 그 일을 하고 있었다. "인생에서는 모든 게 잠시 지나가는 겁니다. 하루는 프로 골퍼였다가, 그 다음 날은 캐디가 되는 거지요. 그리고 그 다음 날은 다시 프로가 될 수 있는 것입니다.” 골프 코스에서 배운 이 얼마나 멋진 지혜인가!

　끈질김의 열쇠는 성공이란 헛된 것이라는 사실을 아는 데 있다. 지위라는 것도 그것에 너무 몰입되어 버리면 그것 없이는 살아갈 수 없게 된다. 일자리를 잃는다는 것은 너무 가슴 아픈 일이지만, 그것 역시 일시적인 일일 뿐이다. 좋은 시절을 영원히 지속시킬 수 없는 것과 마찬가지로 나쁜 시절 역시 영원히 지속되지는 않는다.

위기 속에 기회가 있다

제이미 다이먼, 잭 웰치, 조 토리

제이미 다이먼은 금융위기 때 상처 하나 입지 않고 살아남은 몇 안 되는 사람이라는 말을 해주자 웃었다. "상처를 하나도 안 입은 건 아닙니다." 그는 이렇게 말했다. "얻어맞고 멍이 들었지만 쓰러지지 않고 버티고 서 있는 것이지요." 그의 솔직함이 맘에 들었다. 어려운 시기였다. 그렇게 많은 회사들이 나가떨어지는 가운데 그는 JP 모건 체이스를 어떻게 그렇게 탄탄하게 이끌 수 있었는지 궁금했다. 제이미는 고집이 세고 자기 속마음을 거침없이 말하는 사람으로 유명하다. 그는 흔히 말하는 얌전한 경영인이 아니다. 그는 비전을 갖고 있으면서도 큰 기업이 처할 수 있는 위험성, 그리고 권한을 손에 쥔 사람이 빠지기 쉬운 오만함에 대해 항상 경고하는 사람이다. 그의 성공에 열쇠가 된 것은 철저히 상식에 기초한 태도이다. 그는 시티그룹의 샌디 웨일 회장 밑에서 2인자 노릇을 한 것에서부터 시작해 뱅크 원의 CEO, 그리고 마침내 JP 모건의 CEO에까지 오른 사람이다.

성공한 사람들의 경우 그들의 성장 배경을 보면 많은 것을 알 수 있다. 제이미의 할아버지는 터키에서 이민 온 그리스인이다. 그 할아버지는 주식중개인으로 성공한 다음 제이미의 아버지를 사업에 불러들여서 사업 요령을 가르쳤다. 제이미는 학교에 다니면서 가족 회사에서 밑바닥부터 일을 배웠다. 그러다가 2007년과 2008년 사이에 회사 사정이 어렵게 되자 맞부딪쳐서 그 어려움을 이겨냈다.

위기를 이겨낸 경험은 내적인 강인함을 키워준다. 한번의 어려움을 이겨내면 다음에 어려움이 닥쳐 와도 이겨낼 수 있다는 자신감이 생긴다. 잭 웰치는 이렇게 말했다. "나이 든다는 것은 어려움을 이겨내 왔다는 사실을 가리킵니다. 1981년과 1982년에 기업을 경영한 사람이라면 힘든 시기를 겪었을 것입니다. 나 역시 마찬가지였으니까요. 일본이 세계의 주도권을 쥐고 있었고, 실업률은 13%에 달했고, 인플레는 두 자릿수를 기록했지요. 우리는 금방 쓰러질 것 같았고, 이미 끝장이 난 것 같은 기분이 들었어요. 하지만 우리는 쓰러지지 않았습니다. 지금 같은 어려움은 전에도 겪어 봤기 때문에 쓰러지지 않을 것입니다. 우리는 이겨낼 것입니다." 경험의 소리는 우리가 다시 일어서는 데 말할 수 없이 소중한 자산이다. 스스로 충분한 경험이 없다면 어려움이 닥칠 때 반드시 경험이 많은 사람들을 주위에 두도록 해야 한다.

잭 웰치도 끈질김은 자신에 대해 냉정한 평가를 내릴 수 있는 능력과 관계가 있다고 강조했다. 그는 일자리를 잃은 사람들에게 스스로 자신의 재능을 평가해 보라는 충고를 해준다고 했다. "이렇게 자문해 보기 바랍니다. '내가 왜 일자리를 잃게 되었지? 여기서 배운 경험을 가지고 다른 데 가서 쓸 수 있는 게 무엇이지? 내가 잘하는 게 무엇이지? 내가 무얼 잘못했지? 내가 할 수 있는 일이 또 뭐가 있지?' 모두 다 지극히 개인적인 질문이지만 이를 통해 본격적인 자기 평가와 변화를 통한 배움을 이룰 수가 있습니다. 집에 틀어박혀 손가락을 빨고 있으면 안 됩니다. 패배감에 사로잡혀 있어서는 이길 수가 없기 때문입니다."

조 토리 감독은 끈질김에 관한 한 누구에게도 뒤지지 않는 사람이다. 그는 뉴욕양키스 감독이었을 때 허우적거리던 팀을 다시 일으켜 세워서 월드시리즈 타이틀을 네 번이나 거머쥐었다. 지금은 L.A. 다저스 감독으로서 팀의 경쟁력을 살려내 서부 내셔널리그 우승을 2년 연속 차지하도록 만들었다. 2009년에 다저스는 필라델피아 필리스에 1승 4패로 패해 월드시리즈 우승을 놓고 뉴욕양키스와 맞붙을 기회를 놓쳤다. 필리스는 뉴욕양키스에 2승 4패로 패했다.

양키스가 통산 27번째 월드시리즈 우승을 차지하고 나서 2주일 뒤에 나는 조 감독과 마주 앉아 이야기할 기회를 가졌다. 조 감독이 자기가 세운 자선재단인 조 토리 세이프 앳 홈Joe Torre Safe at Home의 제7차 연례 대회에 참석한 자리에서였다.

그와 처음 만난 것은 3년 전 내가 영광스럽게도 양키스의 홈게임 때 시구를 하러 갔을 때였다. 다시 만나자 우리는 자연스럽게 야구 이야기를 했고, 나는 월드시리즈 진출을 아깝게 놓친 소감이 어떠냐고 물었다.

"성공이란 웃기는 것입니다." 그는 이렇게 말했다. "우리 모두 성공하고 싶어 하지요. 하지만 일단 성공을 하게 되면 그것을 또다시 해야 합니다. 그것 때문에 부담을 느끼게 되는 것이지요. 양키스 선수들은 그 일을 감당할 만한 실력이 됩니다. 무슨 일을 한번 하고 나면 모두가 야단법석을 떨고, 여러분은 그것 때문에 자부심을 갖게 되지요. 그건 다른 사람은 맛보지 못하는 기분입니다. 그런 기분은 그 성공을 다시 이루었을 때 비로소 당당하게 맛보게 됩니다. 하지만 그 성공의 길이 험난하다는 건 잘 아실 것입니다. 많은 것을 감당해 내야 하지요.

언론도 1996년에 처음 감독직을 맡았을 때보다는 나를 훨씬 더 가혹하게 다룹니다."

조 감독은 개인적인 면에서도 끈질김을 보여준 사람이다. 그가 세운 재단이 바로 그것을 말해준다. 그는 2002년에 아내 앨리와 함께 조 토리 세이프 앳 홈 재단을 설립했다. 가정 폭력이 그와 그의 가정에 미친 영향 때문에 세운 것이었다. 브루클린에서 다섯 아이 중 막내로 자란 그는 아버지가 무서워 집 밖으로 나가 지낸 때가 많았다. 그의 아버지는 수시로 엄마를 때렸다. "아버지는 폭력적인 가장이었어요." 그는 이렇게 말했다. "나는 아주 예민한 아이였어요. 직접 얻어맞지는 않았지만 어른이 되어서도 그 상처를 안고 살았습니다. 그런 일은 우리 집에서만 일어나는 줄 알았기 때문에 누구한테도 말하지 않았어요."

그가 침묵을 깨고 자신의 개인적인 이야기를 사람들에게 공개하자 많은 사람들이 그가 엄청난 용기를 낸 것이라고 생각했다. "이건 사람들이 입 밖에 내고 싶어 하지 않는 일이지요." 그는 이렇게 말했다. "많은 사람들이 그저 문을 걸어잠그고 '차라리 바깥에 나가지 말자'는 생각을 합니다. 우리는 가정폭력이 여성들에게만 해당되는 문제라고 생각합니다. 그래서 남자가 그런 일을 당했다고 말하면 사람들이 별로 관심을 가져 주지 않습니다. 남자들에 대해서도 더 많은 관심을 가져야 한다고 나는 생각합니다. 문제를 제대로 알기 위해서는 사람들의 관심이 필요합니다."

조 토리 세이프 앳 홈 재단은 (그의 어머니 이름을 따서) 마가레츠 플레이스를 세웠다. 어린아이들이 그곳에 가면 혼자가 아니라는 생각을 갖도록 해주는 학교 내 안전교실이다. "우리는 아이들에게 대처하는 기술을 가르쳐 주려고 합니다." 그는 이렇게 말했다. "그렇게 하면 아이들이 집에 가서 '아빠가 하시는 짓이 좋지 않은 거라고 조 토리가 말했어요' 라고 말할 수 있게 되지 않겠어요. 그게 아니면 적어도 가정폭력이 아이 자신이 잘못해서 당하는 게 아니라는 건 알게 해줄 수 있을 것입니다. 그리고 아이들에게 자기 혼자가 아니라는 것을 가르쳐 줍니다.

스포츠에서와 마찬가지로 삶에서도 조 토리 감독은 아무리 쓰디쓴 패배를 당하더라도 다시 일어서서 무엇인가를 해낼 수 있다는 것을 보여주고 있다. 그는 자기 스스로 그것을 보여주었고, 자기가 세운 재단을 통해 수많은 아이들이 그것을 해낼 수 있도록 도와주고 있다. 챔피언이 된다고 해서 매 경기 이기는 것은 아니다. 매번 이기겠다는 의지와 패배하더라도 다시 일어서겠다는 끈질김이 바로 챔피언의 자세이다.

실패에서 성공을 낚는 사람들

피터 티엘, 로이드 블랭크페인, 리 아이아코카, 캐시 아일랜드

최근에 나는 페이팔PayPal 설립자이고 회장을 지낸 피터 티엘이 주최하는 디너 토론회에 프린스턴대와 MIT의 교수들과 함께 참가했다. 티엘 회장은 현재 사모펀드 투자가로 페이스북 이사로 있다. 그는 이런 질문을 제기했다. "어떤 경우에 사람이나 일이 성공했다고 말할 수 있습니까?"

토론에 참가한 교수들은 모두 장래에 성공 여부를 가늠해 볼 수 있는 가장 중요한 척도는 실패를 어떻게 다루느냐에 달려 있다는 컨센서스에 도달했다. 언뜻 들으면 의아하다는 생각이 들 수도 있겠지만, 나는 개인적인 경력이나 기업에서 큰 성공을 거둔 사람들로부터 이런 말을 자주 듣는다. 예를 들어 골드만 삭스 CEO인 로이드 블랭크페인이 포함된 패널의 사회를 보면서 나는 그가 그 힘난했던 2008년의 월스트리트를 겪은 사람답지 않게 너무도 여유 있고 느긋한 태도를 보여 놀란 적이 있다. 골드만 삭스가 그토록 큰 성공을 거두게 된 비결이 무엇이냐고 물었더니 그는 웃으면서 이렇게 대답했다. "큰 위험에 처했기 때문입니다." 그러고는 이렇게 덧붙였다. "위기를 헛되게 쓰면 안 됩니다. 정신을 바짝 차리고 위기의 핵심을 정확히 꿰뚫어 보아야 합니다."

리 아이아코카는 자신의 직장생활에서 가장 의미있는 사건은 1980년대 초 크라이슬러가 부도 직전으로 내몰린 것이라고 했다. 회사를 살리기 위해 머리를 짜내며 보냈던 당시만큼 활력이 넘치고 집중력을 발휘했던 적은 없었다고 했다. 연방정부에 구제금융을 요청한 것을 두고 많은 비난을 받기는 했지만, 자신은 그것을 단기 투자라고 생각했지 베일아웃이라고 생각한 적이 한번도 없었다고 했다. 정부 대출금을 약속보다 3년 일찍, 그것도 이자까지 쳐서 모두 갚은 날은 그의 인생에서 가장 자랑스러운 날이었다.

이제 84세가 된 그에게 2009년에 그토록 자신이 살리려고 애썼던 크라이슬러가 부도난 것에 대해 어떻게 생각하느냐고 물어보았다. "지켜보기 고통스러운 일이었습니다." 그는 이렇게 말했다. "내 생애에서 가장 힘들고 보람 있는 14년을 크라이슬러에서 보냈습니다. 회사를 구하고 키우기 위해 싸웠어요. 하지만 나는 지금도 낙관적인 생각을 하고 있습니다. 회복하기 위한 과정은 창자를 쥐어 짤 듯 고통스럽겠지만 나는 여전히 자동차 회사들이 과거에 그랬던 것처럼 자신의 모든 능력을 다 짜내어서 지금까지보다 더 강한 모습으로 다시 돌아올 것이라고 자신합니다. 위기에는 여러 기회가 있습니다. 그 중의 하나가 바로 위기가 사람들에게 성공을 위해 함께 힘을 모으도록 동기를 부여해 준다는 것입니다."

아직도 정정한 모습의 그를 보면 그 말이 헛된 낙관은 아니라는 것을 확실히 알 수 있다. 그는 부도 위기의 크라이슬러를 살려 놓음으로써 이미 한 차례 불가능을 가능케 한 바 있다. 그는 위기에 놓인 지금의 자동차 산업도 비슷한 회복의 길을 걷게 될 것이라고 믿고 있다.

모델 출신으로 현재 여성 의류 및 라이프스타일 브랜드를 운영하며 연간 매출 10억 달러를 올리고 있는 캐시 아일랜드는 "실패는 내게 많은 도움을 주었습니다"라는 말을 했다. 하도 실패를 많이 해봐서 실패에 대한 두려움이 없어졌다고 했다. 실패를 겪어내는 법을 알게 되었다는 것이다. "지금의 사업을 시작하기 전에 숱한 실패를 겪었습니다. 모델을 한 경력 때문에 사람들이 CEO로서 내가 하는 말에 진지하게 귀를 기울여 주지 않았습니다." 그녀는 이렇게 털어놓았다. "하지만 나는 그런 사람들의 태도를 무시했습니다. 나는 사업을 시작하려는 여성들에게 부정적인 목소리는 무시하라는 말을 해줍니다."

인내, 비전, 침착함, 자신감은 성공하는 사람들의 공통적인 자질이다. 하지만 굴복하지 않는 성공 이야기에서 가장 중요한 것은 세상에 영원히 지속되는 위기란 없다는 사실을 간파하는 능력이다. 내 경우

증권거래소에서 클로징 벨을 진행하는 일이 바로 그러한 예에 해당된다. 거래가 이루어지는 피크타임 때 증권거래소는 시끌벅적하고 혼란스럽다. 나는 2008년 9월과 10월의 일을 결코 잊지 못할 것이다. 엄청난 투매가 이루어지는 가운데 종이쪽지가 휘날리고, 사람들은 미친 듯이 이리저리 뛰어다니고, 시황판의 수치는 수직으로 떨어지고 있었다. 하지만 오후 4시 정각이 되자 클로징 벨이 울려퍼졌고 순간 모든 게 멈춰섰다. 마치 누군가가 스위치를 내려 버린 것처럼 플로어엔 정적이 감돌았다. 4시 30분이 되자 거의 텅텅 비었고 청소하는 사람들만 말없이 빗자루를 밀고 다녔다. 5시가 되자 불빛이 희미하게 사라지면서 플로어는 깨끗하게 비었다. 평화스럽기까지 했다. 건물을 빠져나가기 위해 플로어를 가로지르면서 나는 그토록 미친 듯한 혼란에 빠져 있던 곳에 어쩌면 한순간에 이런 정적이 찾아올 수 있는 것일까 놀랍기만 했다. 아무리 엄청난 혼란에 빠져 있더라도 정적이 바로 코앞에서 우리를 기다리고 있다는 사실을 일깨워 주는 변화였다. 그런 생각이 바로 나를 지탱해 주는 힘이다.

분노에 몸을 내맡기지 말라

리먼 브러더스가 파산하면서 친구가 일자리를 잃게 되어 나는 핸드폰으로 전화를 걸어 이렇게 위로해 주었다. "소식 들었어, 안됐다. 내가 네 생각 한다는 것 잊지 마. 잘되기를 빌게."

그녀는 이렇게 대답했다. "마리아, 나는 지금 햄프턴스에 앉아 울면서 와인을 마시고 있어. 하지만 너는 알지? 나는 이겨내고 말 거야."

그녀는 분노나 적개심을 나타내지 않았다. 자기가 부당한 일을 당했다고 불평하지도 분개하지도 않았다. 나는 그걸 보고 안심이 되었다. 너무도 많은 분노가 난무하는 시절이었기 때문이었다. 모두들 미칠 듯이 화가 나서 터지기 일보 직전이었다. 하지만 경제는 다시 회복될 것이라는 점을 생각하면, 지금 고통을 당한 사람들도 회복이 될 것이라는 점을 생각하면, 나는 분노가 삶의 동력이 되어서는 안 된다고 확신한다. 분노를 나타내면 기분은 좋아질지 모르지만, 그리고 그것 때문에 행동에 나설 수도 있겠지만, 분노로 해결할 수 있는 문제는 세상에 없다. 대부분의 경우 분노는 아무런 실익도 없는 화풀이에 그칠 뿐이다.

금융업계의 정직성 결핍은 마땅히 사람들의 원성을 샀다. 특히 회사가 곤란을 겪게 된 데 책임이 있는 자들에게 엄청난 액수의 보너스가 지급된 것에 대해 사람들은 분노했다. 정치인들은 물에서 피냄새를 맡은 것처럼 의회에서 보너스 문제를 집중적으로 파고들었다. 결국 분노가 의사일정을 지배했고, 그것은 바람직한 현상이 아니었다. 의회는 감정을 제쳐놓고 정말로 중요한 일에 몰두하는 대신, 흥분과 감정에 치우쳐 일을 처리했다. 어떻게 하는 것이 국가경제를 제대로 세우는 데 필요한 방법인가를 놓고 치열하게 고민하기보다는 일반 국민을 상대로 열변을 토하는 게 훨씬 더 쉬운 일이다.

정부 지원금을 받는 금융회사들의 보너스 지급 실태를 조사 중인 앤드루 쿠오모 뉴욕주 검찰총장에게 이렇게 물어보았다. "정치인들과 언론이 계급투쟁의 불꽃을 부추기는 것처럼 하는 데 대한 우려는 없으십니까? 보너스 문제에 대한 사람들의 분노와 '비즈니스는 나쁜 것'이라는 인식이 금융 시스템을 뜯어고치고, 신용이 다시 살아 움직이도록 하는 것과 같은 더 중요할지 모르는 문제들에 대한 관심을 흐린다는 생각은 하지 않으십니까?"

"중요한 지적입니다." 그는 이렇게 대답했다. "월스트리트가 흥청망청 돈잔치를 벌이는 데 대해 사람들이 분노하는 것은 당연합니다. 우리가 그런 문제를 바로잡기 위해 나서는 것은 필요한 일입니다. 하지만 사람들의 이러한 분노가 비생산적인 분풀이로 흐르지 않도록 아주 신중하게 접근해야 합니다. 나는 월스트리트가 인센티브 보상 철학에 대해 장기적이고 냉철한 반성을 해야 한다고 생각합니다. 하지만 나도 보너스가 무조건 나쁘다고는 생각지 않습니다. 월스트리트 앞에 놓인 과제는 단기적인 효과만 노리는 게 아니라, 장기적으로 기업의 건전성을 키우는 데 도움이 되는 인센티브제를 도입하는 것입니다"

회복으로 나아가는 첫 단계는 심각하게 손상된 시스템에 대한 사람들의 신뢰를 다시 회복하는 것이다. 앤드루 검찰총장의 말을 빌리면 이런 것이다. "사람들은 상어가 죽었다는 것을 확인하기 전에는 물로 돌아가지 않습니다." 그는 사람들의 분노를 이해한다. 그리고 신뢰가 먼저 회복되어야 한다는 그의 말에 나도 동의한다. 하지만 우리가 계속해서 유리창을 깨는 데 몰두하고 있으면 이런 신뢰 회복 과정은 진행되지 않는다. 신뢰 회복에는 깊은 반성과 관심, 시간이 필요하다. 콜린 파월은 일관된 태도가 성공의 주요한 열쇠가 된 사람인데, 자주 다음과 같은 말을 하고 이를 몸소 실천했다. "처음에는 분노하고, 그러고 나서 그것을 극복하라."

우리는 모두 살아가면서 분노와 절망, 공포를 나타내고 싶은 시기를 만난다. 인간인 이상 어쩔 수 없는 일이다. 분노를 발산하고 나면 잠깐은 위안을 얻기도 하지만 성공에 가장 중요한 열쇠는 이런 원초적인 감정을 자제하는 것이다. 러셀 시몬스는 조용하고 사려 깊은 사람으로 힙합을 음악의 주류 자리로 끌어들인 사람이다. 그는 자기가 추구하는 것은 사람들의 태도를 변화시키는 것이라는 말을 했다. 그는 힙합을 시의 한 형태로 본다며 이렇게 말했다. "자신의 내면을 들여다보는 사람은 두려움도 적고, 분노도 적습니다."

매일 묘비명을 써라

어떤 사람으로 기억될 것인가

나의 멘토 중 한분은 내게 이런 말을 했다. "자기 묘비명에 어떤 문구를 쓸지 생각해 보도록 해요." 그때 나는 너무 젊었기 때문에 묘비명이란 말이 별로 절실하게 와닿지 않았다. 하지만 나는 그가 무슨 말을 하는지는 알아들었다. '어떻게 기억되고 싶으냐? 세상에 태어나 어떤 흔적을 남기고 싶으냐?' 는 정도의 말일 것이라고 생각했다. 빌 게이츠 생각을 해본다. 나는 그가 컴퓨터 혁명을 주도한 사람으로서보다는 질병 치료를 위해 1000억 달러를 내놓은 사람으로 기억될 가능성이 더 높을 것이라고 생각한다. 그도 처음부터 그렇게 되겠다고 계획했던 것은 아니었겠지만, 젊은 시절에 생각했던 것과는 다른 길을 걷게 된 것이다.

평생 엄청난 성공을 거두며 승승장구하던 사람이 하루아침에 바닥으로 내려앉는 경우들을 숱하게 보게 되는 요즘 같은 시기에는 어떤 유산을 남길 것인가 하는 것은 정신이 번쩍 들게 하는 문제이다. 예를 들어 행크 그린버그는 막강한 제국을 건설한 사람으로 기억될 것인가, 아니면 AIG를 몰락시킨 사람으로 기억될 것인가? 나는 그가 무한한 용기를 지닌 사람으로 기억될 것이라고 생각한다. 그는 두 개의 전쟁에서 미국을 위해 싸웠고, 또한 우리 시대 가장 큰 기업을 일으켜 세웠고, 끊임없이 새로운 것을 추구하고 있다. 그는 믿을 수 없을 정도로 용기있는 사람이다. 빌 클린턴은 어떤 유산으로 기억될 것인가? 그의 묘비명 첫머리에는 모니카 르윈스키 이야기가 쓰여질 것인가, 아니면 재정흑자 달성, 그리고 주식시장과 경제 호황, 평화를 유지시켰다는 업적이 기록될 것인가?

답하기가 쉽지 않을 것이다. 다른 사람이 평가하는 잣대를 우리 입맛대로 바꿀 수는 없다. 장담할 수 있는 일이 아니다. 하지만 스스로 느끼기에 만족하고 행복한 방식으로 살 수는 있다. 그게 진정한 성공이다.

옮긴이 **이기동**은 서울신문에서 모스크바 특파원과 국제부장, 논설위원을 지냈다. 국제전문기자로 수십 개국을 순회취재했으며 지금은 대학 강의와 집필, 번역 활동에 전념하고 있다.

성공하는 리더의 10가지 원칙

초판 1쇄 인쇄 | 2011년 4월 5일
초판 1쇄 발행 | 2011년 4월 11일

지은이 | 마리아 바르티로모 | 캐서린 휘트니
옮긴이 | 이기동
펴낸이 | 이기동
편집주간 | 권기숙
홍보 | 노효성
마케팅 | 이동호 유민호
주소 | 서울시 성동구 성수1가 1동 656-410 홍성빌딩 4층
이메일 | icare@previewbooks.co.kr
홈페이지 | http://www.previewbooks.co.kr

전화 | 02)3409-4210
팩스 | 02)3409-4201
등록번호 | 제206-93-29887호

교열 | 이정인
편집디자인 | 에테르
인쇄 | 상지사

ISBN 978-89-962763-8-8 13320

잘못된 책은 구입하신 서점에서 바꿔 드립니다.
책값은 뒤표지에 있습니다.